BÜCHEREI SÄCHSISCHER MINIATUREN
BAND 1

HERAUSGEGEBEN
VON WOLFGANG U. SCHÜTTE

KURT GERHARD FRANKE

Ei forrbibbch –

1000 Wörter Säggs'sch

SACHSENBUCH

Dieses Buch widme ich
meiner lieben, verstorbenen Schwester Grete,
die unsere Mundart vollendet beherrschte und
vielen damit große Freude bereitete.

Fohrschbruch forr dä ärrschde Offlahche bei Saggsnbuch

Die ersten beiden Auflagen waren rasch vergriffen und ließen das große Interesse an unserem Sächsisch erkennen. Viele Zuschriften und Telefonate aus allen Gegenden unserer gesamtdeutschen Heimat erreichten uns, in denen die Freude an diesem kleinen Druckwerk zum Ausdruck kam. Sie enthielten zugleich eine Reihe ergänzender Hinweise. Besonderen Dank verdient der gebürtige Leipziger, Herr Jochen Otto, Lehrer in Altenholz bei Kiel, der mit Präzission und Sachkenntnis sich des Manuskriptes annahm und mit wertvollen Anmerkungen zu dessen Bereicherung beitrug. Möge dieses Büchlein weitere Freunde gewinnen.

Kurt Gerhard Franke

Leipzig, den 16. April 1991

Gleener Fohrschbruch

Mit der Muttermilch habe ich sie eingesogen, die Laute meiner Heimatsprache »Säggs'sch«. Meine Spielkameraden in der Gasse, die Schulfreunde und viele Menschen meiner Umgebung beherrschten die Mundart vollkommen. Leute, die sie nicht in gleichem Maße verwendeten und Hochdeutsch sprachen, galten bei uns als »fein«.

Inzwischen mußte ich durch meinen Beruf auch »ä bißchn fein« werden. Aber ich habe nichts vergessen, und zu Hause reden wir, wie uns der Schnabel gewachsen ist.

Manchmal, wenn uns im Freundeskreis ein besonders drastischer Begriff typisch sächsischer Prägung einfällt, spannt sich in uns ein Bogen angenehmer Heiterkeit. Und im Bewußtsein sprachlicher Sammelleidenschaft hat sich unser Ohr für den sächsischen Redefluß geschärft, aber auch die Neigung entwickelt, in den Akkumulationszentren der Hirnrinde nach Wörtern zu suchen, die heute noch weniger in Gebrauch sind.

Mein besonderer Dank gilt den Freunden, die bei der Geburt dieses kleinen Werks Pate standen und die mich ermutigten, die Sammlung zu veröffentlichen. Das waren Frau Prof. Dr. Szücs, Frau Lieschen Schulze, Frau Lange, meine Frau und meine Tochter. Alle gewähren mir hilfreich ihre Unterstützung.

Leipzig, Frühjahr 1986

Dorr säggs'sche Dialeggd

... iß iwwerall ä bißchen andorrsch. Mier mergn glei, wenn eener aus Drehsdn oder aus Chemnitz gommd. In Wurzen, Grimme (Grimma) unn Borrne (Borna) glingds andorrs als in Eilnborch (Eilenburg) unn in Dorche (Torgau) – beede Schdädde wahrn frieher breißch – da gamorr gee »G« schbrechn. Dorrd gibbds dorrfohr ä »J«.

»Jussdaf laß dä Jännse ausn Jarrdn, die fressn iß janse jriene Jrahs!« hamm mier als Ginndorr dä Eilnborcher nachgeahmd. Säggs'sch rehdn gännse in Saggsn alle, awwer middn schreihm hahberds. Nach grinndlichn unn vergleichndn Belauschn worrde dä Ausschbrache so offgeschriem, wiemorrsche unbeowachded, ohne beruflichn, lidderarischn unn sonsdchn Zwang daherrehd. Forrmischungn midd hochdeidschorr Schreibweise worrdn weidgehnd forrmiedn. Däßwechn lißd sichs ooch ä bißchn schwärer.

Das säggs'sche Ah-Beh-Zeh

odorr Alfabehd wie mier ooch noch sahchn, iß das modernsde unn radzschionellsde. Mier gomm midd 18 (achdzn) Buhchschdahm aus. Alle scharfn Sachn, wie K, P, T unn X bassn nich richdch inn unsorr Schbrahchgefieche. C, Q unn Y hamm was Fremdländsches ann sich, drumm hammorsch glei weggelassen. Aworr D unn G sinn Buhchschdahm midd lidderarischn Wohlglang. D wie Dornreeßschn unn G wie Gandiene. Und dann unsorr B! Noch gee Mensch hadd sich drann geschdohsn, so weech iß das, wie Budding.

Zorr allgemein Iewersichd wärrd das gesammde Ah-Beh-Zeh mah fohrgeschdelld:

A wie Ahrweed, Abwiggln odorr Aggslzuggn
B wie Broddugdzschion, Babbiergriech odorr Blämbe
C wärrd offgedehld: wie Gämmbing (siehe G)
wie Schammbannchorr (siehe S)
wie Ziddrohne (siehe Z)
D wie Dolleranz, Demograddie odorr Dangescheen
E wie Ehdlschdahl, Ellägdrifizzierung odorr Ehriga
F wie Fellgerfreindschaft, Feßdschmaus odorr Fehrienn
G wie Grohsbauschdelle, Gullduhr unn Gämiedlichgeed
H wie Haushalldblahn, Hehfä unn Himmlschdährmorr
I wie Indellegens, Innweßdidzschion unn Ihworrfluß
J gommd bei uns selldn vor. Das schbrechn mier meisdns wie ä Ch (wie bei China) z. B. Chunge (Junge), Chanuar (Januar), Chahrmahrgd (Jahrmarkt).
K gibbds im Säggs'schn nich, siehe G wie Garrdoffl
L wie Loggngäbbchn, Liewesbädärfnis unn Lodderlähm
M wie Madderjahleinschbahrung, Milljonähr unn Miggnschdich
N wie Nabbsillze, Nahrgohse odorr Noßdallgie
O wie Ohrgannesadzschohn, Orrdegrahfie odorr Ohrngrieschorr
P hamm mier weech gegrichd wie Babbah (siehe B)
Q wie Gwasslschdribbe (gugge bei G)
R wie Rahdebercher, Rohsngohl unn Rollahde
S wie Solledahredäd, Sonndachsbrahdn unn Sohdbrenn
T gibbds bloß bei Schauschbielern (siehe D wie driehm)
U wie ullgsch, undorrnehmungslussdch, umwerfnd
V worrde offgedeeld: wie Forrgoldn (siehe F)
wie Wähs'chn (siehe W)
W wie Wärrdschafd, Wienorr Wärrschdn unn Wannsdrammln
X unn Y gänn mier nich, da sahchn mier Iggs, wie Gsanndibbe unn Ibbsellonn odorr Johrg (York).
Z wie Zwiwwl, Zährguß odorr Zwiddorr

Alles duhd sich wandln

Wie sich dä gesellschafdlichn Forrhäldnisse forrändern, so wanndld sich ooch das Aussähn dorr Menschn unn ihre Schbrahche. Gewohnheedn gerahdn inn Forrgessnheed, unn neie machns'ch unnbemährgd unn allmählich breed.

Frieher sahchdn dä Leide z. B. »Fawwerigg« (Fabrik) odorr »Millich« (Milch). Solche Ausdrigge währn immer wehncher. Aworr ooch inn dehn forrschiednsdn Befellgorrungsschichdn iß dorr fonnehdische Ausschdohs dorr Worrde sähr fielfäldch. Ooch off denn eenzlnen Dährforrn gibbds dah Besonderheedn. Zum Beischbiehl inn Mahrgranns (Markranstädt oder Lallndohrf, wie sä selwer sahchn, M. hadd Schdaddrechd seid 1285) währn heifch dä Enndsillm dorr ledzdn Worrde im Saddz singnd hochgezohchn. Das schdrahld änne gewisse Giede aus. Dorr Undorrschied zwischn Schdadd unn Lannd haddzch infollchä dorr modernen Forrgehrsforrhäldnisse ooch inn dorr Schbrahche immor mähr forringerd. Droddsdehm gannmorrse midd änn feinhärichn Ohr fessdschdelln.

Dorr differenziehrde Gebrauch dorr Worrde iß änne Frahche des Billdungsschdandes. Mannche rahdzschionallisiern alle bildhaffd ärrzählndn Währbm (Verben) off das Zeidword »machn« zäsamm. »Mier machn mah dorrdhin« heeßd »Mier gehn odorr fahrn, reesn ämmah dorrdhin«. Aworr forrs Forrichdn dorr männschlichn Bedährfnisse sahchnse dasselwe. »Machn« heesd arweedn, gehn, essn unn iworrhaubd dähdch sinn.

Änne genaue Fessdlehchung, wiemorr ä Worrd ausschbrichd, gibbds nich. Mannchmah sahchdmorr »niwworr«, mannchmah »niehwer«. Ehmah sahchdmorr »unnderrennandorr«, mannchmal »undorreinander«, unn ä anndrismah »unndorrmanndorr«. So forrschiedn iß das. So isses ooch bei

»mahgch« (mag ich), da sahchd morr ooch »mahgsch« odorr »maggsch«.

Aworr »Bier« schbrechn mier alle gleich aus!

Gurze Schbrahchiewung

»Geisers Garrle gonnde geene Gimmlgärrnorr gauhn.«

*

»Dorr Bäggerr baggd Brehdchn, dorr Bassdorr duhd brehdchn, dorr Hunnd dähr gibbd Fehdchn, unn gissn duhd Grehdchn.«

*

»Inn Bärne offm Bärche, da sahßn zwee Zwährche,
die zorrubbdn nä Lärche. Wahr das ä Gewährche!«

Unn noch ä was

»In Leipzig redet man das netteste Deutsch. Man verdoppelt die Konsennanten (Stuwwe, niwwer), und das Erheben der Stimme klingt in den Ohren recht anmutig und liebenswürdig. Die Töchter dieser Lindenstadt haben wegen ihrer Annehmlichkeiten, galanten Aufführungen und Gebärden den größten Ruhm in ganz Europa!«

Das schrieb 1725 J. C. Canders in seiner damals üblichen Schreibweise.

Rechd haddorr!

Abkürzungen

ä. F.	ältere Form
amer.-engl.	amerikanisch-englisch
altmex.	altmexikanisch
engl.	englisch
fr.	französisch
franz.-lat.	französisch-lateinisch
gr.-lat.	griechisch-lateinisch
häbr.	häbräisch
ital.	italienisch
Jh.	Jahrhundert
jidd.	jiddisch
mhd.	mittelhochdeutsch
norddt.	norddeutsch
österr.	österreichisch
Plur.	Plural
poln.	polnisch
sorb.	sorbisch
syn.	synonym, sinngemäß
u. a.	und andere(s)
vergl.	vergleiche

A

ä, ein, ä bißchen = etwas, ein wenig.
abbähbln, mühselig ablösen, z. B. Fleisch von dem Knochen (→ bähbln).
Abbeh, dorr, auch Ahbeh, der Abort. »Duhd diersch im Leiwe weh, dann geh mah offm Abbeh.«
Abbl, dorr, der Apfel, Plur. **Äbbl**
äbblich, sich auf oder über etwas freun.
Abblsiene, dä, die Apfelsine
abmohrgsn, auch **abmurgsen**, jemanden umbringen.
äch'cha, **äch'scha**, nein, Verneinung, aber nein. Beispiel: »Sahchd ihr in Leibzch immer noch äch'cha?« »Äch'cha!«
achde, acht
Achdorrgruhdscher, dorr, der Schulanfänger, auch **Gruhdscher.**
achzn, achtzehn
äddwah, etwa
Adeh, auch **Addjeh**, Abschiedsgruß, Lebewohl (von Adieu).
Aggdewißd, dorr, der Aktivist
Agger, dorr, der Acker
Aggsl, dä, die Achsel, **Aggslzuggn**, Achselzucken, Zeichen der Unkenntnis, Unwissenheit
ä häbbchn, etwas, ein wenig
Ähbern, dä, auch **Ähborrn**, (ä. F.) die Kartoffeln
Ahdmzieche, Plur., Atemzüge
ähdsch, Ausdruck des Frohlockens über das Mißgeschick eines anderen über sein eigenes Glück, im Sinne von »siehste wohl!«
ähm, eben. »Morr muß iß Lähm ähm nähm, wie's Lähm ähm iß.«
Ahmd, dorr, der Abend, **ahmds** , abends
ährlich, auch **ährlisch**, ehrlich
Ahrschruhe, dä, die an Phlegma grenzende Ruhe, Ausdauer, geringe Reaktion auf äußere Reize.
Ahs, **Ahsd**, ä, ein gemeiner Mensch, (von Aas, Kadaver).
ahsn, aaßen, schlecht wirtschaften, vergeuden. »Ahse nich so mid dorr Buddorr!« Streich nicht so viel Butter aufs Brot.
alleene, allein
ällfe, elf

Ällfnbeen, das, das Elfenbein)
Ällwe, dä, die Elbe
allwrich, (ä. F.) **allwrichd**, albern, Subst. **Allwrich** (Das iß ä richdchorr Allwrich.)
ämmahl, auch **ehmahl**, **ämma**, einmal
ammende, letztenendes (von am Ende). »Ammende heirahdn die doch noch.«
ammessiehrn, (fr.), vergnügen, Spaß haben. (von muser, müßig sein, gaffen)
Angsdrähre, dä, (ä. F.) der Zylinder
annbag'gn, anfassen, Initiative ergreifen, auch anbacken, z. B. das Gebäck am Blech.
annbohbln, anputzen, auffällig, komisch bekleiden. »Annbohbln wie änn Fingsdochsn.« (ein festlich mit Bändern geschmückter Ochse).
anndorrsch, anders
änne, eine. Beispiel: So änne Wärdschaft = So eine Wirtschaft; **änner** auch **ehnorr**, Beispiel: An änner Egge dreffn, oder An ehnorr Egge fähld ä Schdiggchn.
annedazemahl, Anno dazumal, früher, in alter Zeit.
anneforrsich, auch **annunnfohrsich**, an und für sich, im Sinne von »eigentlich« oder »so wäre es richtig«.
annflauhm, beschimpfen
anngeschbiddld, angezogen, nachlässig bzw. komisch gekleidet. »Wie hassde dich widdor anngeschbiddld?«
annrähchn, auch **annrähschn**, anregen
Ärähchung, dä, die Erregung
ärchndwas, irgend etwas
Ärdbähm, das, das Erdbeben
ärre, irre. »Ich binn schonn ganz ärre.«
ärrwährm, erwärmen
Ärschde, dorr, der Erste
Arweed, dä, die Arbeit
Asch, dorr, größeres wannenartiges Gefäß mit schrägen Außenwänden.
Ässe , dä, der Schornstein
ausgehäggd, ausgedacht bzw. etwas dummes angestellt.
auswärrdch, auswertig, vom Ort entfernt.
awwer, auch **ahwer**, aber

B

Babba, dorr, (gr.-lat.) der Vater, Erzeuger eines Kindes. Dorr **Schdiehfbabba,** der Mann an Vaters Stelle, zweiter oder folgender Mann von der Mutter des Kindes. Dorr **Grohsbabba,** Vaters oder Mutters Vater (auch **Ohbabba** oder Ohbah). Dorr **Schwiechorbabba,** des Ehepartners Vater. Koseformen: **Babbi, Babbilein, Babbileinchen** (je nach Wirkungshoffnung der Willensdurchsetzung), **Babbchn, Babbch,** u. a.

bäbbern, auch **bäbbähn,** infantiler Ausdruck für den Vorgang des Stuhlganges.

Babbier, das, das Papier

Bäbborrmumbe, dä, der Schlamm bzw. nasser Sand, mit dem die Kinder formend spielen. »Dä Ginndorr an dorr Schwenglbumbe schbieln ganz ennziggd mit Bäbborrmumbe.«

Bäbbse, die, der Schlamm

baddalchn, schwer tragen, schwer arbeiten.

Bäddchn, das, auch **Bäddschn,** infantiler Ausdruck für Bett.

Bädde, iß, das Bett.

Baddsch, der, die Ohrfeige, klatschender Schlag, elektrischer Schlag.

bäddschn, beim Essen schmatzen.

Baddsch'chn, Plur., die kleinen Hände der Kinder.

baff, erstaunt, verblüfft. »Da bissde baff!« = Da staunst Du!

Bäffchn, iß, (ä. F.), der Stehkragen

Baggahsche, die, (fr.), abwertende Bezeichnung für zweifelhafte Menschengruppe, Pack, Gesindel.

Bägger, dorr, der Bäcker

Bäggn, dorr, (ä. F.), der Bäcker

Bähbe, dä, der Napf- oder Aschkuchen.

bähbln, der mühsame Versuch etwas zu lösen, z. B. einen Knoten oder Schorf. »Bäbble nich drannerum!«

bähbm, erzittern, auch für petzen, jemanden verraten.

bähm, auch **bähbn,** beben, zittern vor Angst, schwingende Bodenbewegung

Bähnerd, der, runder Kartoffelkorb, Tragkorb, auch abfällig für Kopf.

bahrbß, auch **bahrbßch,** barfuß

Bährchn, das, das Pärchen

bähsn, (ä. F.), fegen, herumtreiben, besonders Mädchen.

Bahrfiem, das, das Parfüm, **bahrfiemiern,** parfürmieren

Bährg, dorr, auch **Berch,** der Berg

Bährge, dä, die Birke

Bahrwier, dorr, der Friseur, Barbier

Bäleidchung, dä, die Beleidigung

Ballgong, dorr, der Balkon, syn. auch für weibliche Brust.

ballwiern, (ä. F.), rasieren

Bammblchn, dä, Plur., auch **Bammblbeenchn,** die kleinen Beinchen der Kinder.

bammch, auch bammbich, frech. »Sie, währnse cha nich bammbich!«

Bämme, dä, ein belegtes Brot, änne droggne Bämme, ein unbelegtes Brot.

Bamml, dorr, die Angst

bammln, hängen

Bamms, auch **Bammbs,** dorr, dicker Brei. »Das iß filleichd ä Bammbs!« Das ist vielleicht ein zu breiig geratenes Essen.

Banndiehn, dä, derbe Holzpantoffeln. »Willsd du dissgrehd dorchs Lähbm ziehn, dann lahdsche nich in Holzbanndiehn.«

Barrgedd, das, das Parkett. »Een offs Barrgedd lehchn« = tanzen.

Bärrne, die, die Birne. »Dä Bärrn digge hamm = etwas überdrüssig haben.« Abfällig auch für Kopf, auch Pirna (Stadt bei Dresden).

Bärrnsch, dorr, die Unordnung. **Bärrnsch machchn, Unordnung machen**

bärrschdn, bürsten, dä **Bärrschde,** die Bürste

Bassäng, dorr, (fr.), das Bassin, das Wasserbecken.

Basseschiere, dä, Plur. (ital.), die Passagiere, Fahrgäste.

Bauchgliddscher, ä, ungeschicktes, flaches Aufschlagen beim Kopfsprung ins Wasser.

Baul, Paul, **Baulchn,** Koseform von Paul, **Bauliene,** Pauline

Bäzährg, dorr, der Bezirk

bebohmehln, sich übermäßig über etwas freuen

beede, beide
Beegling, dorr, Räucherhering, (von Pökling).
Beenchn, dä, die Beinchen
beese, böse
Behdersielche, dä, die Petersilie
Behsn, dorr, der Besen, syn. für ein sich herumtreibendes Mädchen.
Beimchn, auch **Beemchen**, das, das Bäumchen
beniehm, erwähnen. »Er wurde mehrfach beniehmd.«
beriggnd, bezaubernd
Berrigge, die, die Perücke
bibbern, auch **biwwern**, zittern, frieren.
Bibbi, dä, die Puppe, dorr **Bibbi**, der Hut.
Biddling, auch **Biggling**, dorr, der Bückling, ein geräucherter ungesalzener Hering. (Vergl. auch Beegling, syn. eine Verbeugung machen »Mache änn scheen Biggling!« [von bücken].)
Biddschl, ä, ein Büschel, z. B. Haare.
biddschmahdnnass, auch **biddschenass**, bis auf die Haut durchnäßt, (von pitschen, klatschen).
biebm, sich freun, »Siß zum Biebm!« Dä Biebm, das Geld. »Unn wenn ehn schdändch dä Biebm fehln, da muß morssch dorch dä Dahche gwähln. Doch mid fiel Biebm in dorr Dasche, wäggsd ehn dorr Fehniggs aus dorr Asche.«
Biebmadds, dorr, der Vogel. »Du haßd scha änn Biebmadds! »Du bist spleenig!«
Biebn unn Flegge, Warmgericht (Kaldaunen) aus tierischen Eingeweiden.
Biebs, dorr, einen Vogel haben, nicht ganz normal erscheinen.
biechln, bügeln, auch trinken (letzteres auch bichchln).
Biecher, Plur., die Bücher
biehbln, eine diffizile Arbeit verrichten, z. B. beim Schälen der Kartoffeln die Augen auslösen, einen Knoten mühsam öffnen.
biehdschn, auch **biehdsn**, trinken, das gierige Trinken der Kinder, aber »ehn biedschn« geistige Getränke zu sich nehmen.
Biehwl, dä, die Bibel
Biermährde, dä, (ä. F.), die Bierkaltschale

Biggl, dorr, die Pustel, der Pickel. »Biehble mah nich an den Biggl rum!«
Biggse, dä, die Büchse, die Dose, syn. auch für Mädchen.
Billedd, das, (ä. F.), das Billett, die Eintrittskarte
billich, billig
Bimml, die, die Glocke, die Klingel, dorr **Bimml**, das männliche Glied, dä **Bimmel**, die Straßenbahn
bing'gln, Wasser lassen. »An chedn Boom, an allen Wing'gln, hehm Hunde s'Been hoch, um zä bing'gln.«
Bingdchn, das, das Pünktchen. »Am Bingdchn offm I, ergennd morr iß Schennie.«
Binnßl, dorr, der Pinsel, auch abwertend für Kopf.
binnslich, übergenau. »Biß nich so binnslich!« Sei nicht so kleinlich genau!
Biß schdille, schweig, sei still!
bizzln, in kleine Stücke zerschneiden, **zorrbizzln**, sinnlos zerschneiden.
bläbbern, Aufklatschen dickflüssiger Masse.
Bläbbs, dorr, Ausdruck überheblichen Bürgertums für ungebildetes, ordinäres Volk (von Plebejer).
Bladd, iß, (ä. F.), das Blatt, für Zeitung, Tageblatt.
Bladde, dä, die Platte, syn. für Glatze.
Bläddzchn, das Bonbon. »Ä schdilles Bläddzchn.« Kleine Örtlichkeit, auf die man sich zurückziehen kann.
Blähgch, dähr, laut schreiendes Kind, auch fortwährend schreiender Erwachsener, laut Herumschimpfender.
blähgn, schreien, auch laut reden.
Blämmbe, die, geschmacklose Flüssigkeit, z. B. Kaffee oder Suppe bzw. Bier.
blärrn, weinend schreien, besonders Säuglinge und kleine Kinder.
Bleeche, dä, (ä. F.), meist an einem Bach liegendes Rasengelände, auf dem die liegende feuchte Wäsche in der Sonne gebleicht wurde.
bleede, blöd
Bleedsinn, dorr, der Blödsinn
Bliehde, dä, die Blüte, auch Gesichtspickel, auch Bezeichnung für einen unbeholfenen (auch spaßhaften)

Menschen. »Du bißd filleichd änne Bliehde!«

Bliehmchn, dä, Plur., Blümchen, Blumen.

Bliehmchngaffee, dorr, dünner Kaffee, bei dem man das gemalte Blümchen auf dem Tassengrund sah, auch Malzkaffee.

Blinnsn, dä, Plur., die Eierkuchen.

Boäsie, dä, die Dichtkunst

Bobbser, dorr, auch **Bohbser**, der Hintern, besonders bei kleinen Kindern.

bohbln, an etwas herumknaupeln, in der Nase bohren.

Bohboh, auch **Bohbser**, dorr, infantiler Ausdruck für das Gesäß.

bohfn, schlafen

Bohm, dorr, der Baum

Bohngaffee, dorr, der Bohnenkaffee, im Gegensatz zum → Bliehmchngaffee.

Bohrbs, dorr, Zwerg, ein kleiner Junge.

bohrschn, auch **bohrchn**, borgen. »Bohrschn machchd Sohrchn!«

Bolledigg, dä, die Politik, bolliddsch, politisch

Bollezei, dä, die Polizei

Boochn, dorr, der Bogen

Borrdchee, dorr, (fr.), der Portier

Borrdmannee, das, (fr.), die Geldbörse, von Portemonnaie.

Borrdzchon, die, die Portion

Borrschdwisch, dorr, der Straßenbesen, die Kratzbürste, ungezogene Person von **borschdsch**, unartig, widerborstig.

borrzln, purzeln, stolpernd fallen, kollern.

Brämche, dä, die Prämie

Braudgleed, das, das Brautkleid

Breedchn, das, das Predigen, das Brötchen, »beleechde Breedchn: Gähse-, Worrschd-, Fischbreedchn u. a.«.

breißch, (ä. F.), preußisch. Jemanden »breißsch« sein = feindlich gesinnt sein.

Brichchl, ä, auch **Brüchl**, ein großer kräftiger Mensch, ein großer Gegenstand, von Prügel.

Briefdrächorr, dorr, der Briefträger

Briggaddchee, dorr, der Brigadier

brilln, brüllen

Brollehdn, Plur., Proletarier

Bruchdorr, dorr, ein Bruchstein, auch großer Stein. »Mier iß ä Bruchdorr off dä Gnewworrdzchn gefalln.« Mir ist ein Stein auf die Füße gefallen.

Bruhd, änne, die Brut, auch syn. für Gesindel. »Daß iß filleichd änne Bruhd!«

Bubbchn, das, eine Puppe, ein schmuckes Mädel.

buch'chn, auch boch'chn, schlagen

Budding, dorr, der Pudding

buddzch, auch **buddzich,** eigentümlich, verwunderlich, humorvoll, »das iß änne buddzche Nuhdl«, ein eigentümlicher Mensch, ein humorvoller Mensch.

Buggl, dorr, der Rücken, besonders der verwachsene. »Dä gannsd morr mah'n Buggl runndorr ruddschn!«

buhbch, ärmlich

buhbsn, Blähungen von sich geben. Dorr **Buhbs,** die Blähung.

Buhde, dä, abwertend für Wohnung oder baufälliges Haus.

bullfern, reinstecken, investieren

bullgsn, besessen arbeiten oder auch in etwas bohren, z. B. die Krume aus dem Brötchen.

bulln, bullern, urinieren

Bummber, dä, dicke baumwollene Schlüpfer der Frauen

Bußd, auch **Boßd,** dä, die Post.

bussiehrn, (fr.), eine Liebelei haben, werben, ä **Bussiehrschdengl,** Schürzenjäger, (von poussieren, stoßen).

Buwwerdzche, die, abwertend für Wohnraum, im Sinne von Bude. »Das iß filleichd änne gallde Buwwerdzche« = ein kalter Raum.

C

(wärrd offgedehld,
gugge bei G, S unn Z)

D

dä, für den Artikel »die«.

Daach, dorr, der Tag, auch verkürzte Grußform für Guten Tag, auch N'daach. »Wer Daach forr Daach off Ahrweed geht, der mergd nich wie da Zeid forrgehd.«

Däbbchn, das, das Töpfchen

Dabbehde, dä, die Tapete

Dähde, dä, die Trompete. »Ann dorr Dähde sinn«, immer vorn dran sein, das Signal geben, (von Tête = Spitze)

Dahdn, dä, Plur., die Daten, auch die Taten.

dahdermidd, damit, »Dahdermidd gannsdä fiehln änne Freide machchn.«

dahdroff, auch **dahdruff**, darauf. »Dahdruff fallsch nich noch äma rein.«, darauf falle ich nicht noch einmal herein.

dahdrumm, darum

Dähds, Dähdz, dorr, der Kopf, von Tête (frz.).

dahdsächlich, tatsächlich

dähdch, tätig, auch für »tät ich«.

dahdschn, entstelltes, oft langgezogenes kindliches Reden, wenig sinnvoll auch von Erwachsenen bei der Unterhaltung mit Kleinkindern angewandt.

dahrdorrzuh, auch **dahdorrzuh**, »Wie gomme ich denn dahrdorrzuh?« = Wie komme ich dazu?

Dährme, dä, Plur., die Därme, auch die Türme

dalli, (aus dem Polnischen), schnell, rasch. »Mach ämah ä bißchn dalli!« = Beeil dich etwas!

Dämmbradduhr, dä, auch **Demmberaduhr**, die Temperatur.

Dämmerschdindchn, iß, das Dämmerstündchen, Tageszeit zwischen Hell und Dunkel, früher familiäres Beisammensein unter Einsparung von Licht, bei dem häufig erzählt wurde.

Dämmse, auch **Dämmßche**, dä, die drückende Wärme (→ Wämmßche).

Dang'gescheen, iß, das Dankeschön

Dannde, dä, die Tante

Dannheiser, Tannhäuser (Oper von Wagner).

därre, dürr, spillrich, trocken. »Mensch iß die (odorr der) därre.«

Därrlender, ä, ein hagerer Mensch.

Därrne, die, die Dirne, früher ein frisches gesundes Mädel, später abwertend für Prostituierte.

Dauchsche, dorr, früher der Tauchaer Jahrmarkt, der am 2. Montag im September von der als Indianer u. a. verkleideten Kinder und Jugendlichen in Taucha und Leipzig bis in die Nachkriegsjahre gefeiert wurde und mit seinen Straßenschlachten an die einstige Rivalität zwischen Leipzig und Taucha (Handels- und Stabelplatz) erinnert. Diesbezüglich besuchte Karl May beide Städte.

Deahder, das, das Theater

Debbch, dorr, der Teppich

Deeboh, das, das Depot

Deech, dorr, der Teig

Deehl, Deihl, das, das Teil, das Deilchn

deegch, teigig, schlapp

deehsn, unaufmerksam sein, dahindämmern (von dösen), aber auch Lärm machen, herumtoben. Aufforderung an Kinder: »Deehsd ma nich so rum!«

Deene, dä, die Töne. »Haßde Deene?« Findest du Worte dafür?

Dehbs, dorr, das Getöse

deidsch, deutsch

deihdlich, deutlich

Deifl, dorr, der Teufel

denn, auch **dehn,** diesen, ... »Denn mächdch hamm.« = Diesen möchte ich haben.

deßdorrwähchn, deswegen

dibbln, laufen, besonders bei kleinen Kindern, auch für wandern.

dichdch, tüchtig

Diddl, dorr, der Titel. »Ooch ä Diddl bringd manchmah Middl.« = bringt Geld ein.

diddschn, etwas in eine Flüssigkeit tunken, z. B. Gebäck in den Kaffee. **Offdiddschn,** Flüssigkeit aufsaugen.

Diebe, änne, ein Typ. »Du bißd filleichd änne Diebe!« = Du bist vielleicht ein Typ, ulkiger Mensch. Plur. auch für Menschen, die sich freudes Gut unrechtsmäßig aneignen.

Diecher, dä, Plur., Tücher, auch Tiger.

Diechl, dorr, auch **Dieschl,** der Tiegel, ein kleines Tuch.

Diehde, dä, die Tüte, »Das gommd nich in dä Diehde.« Das kommt nicht in Frage.

Diere, dä, die Tür, auch Plur. für Tiere.

dies 'chahr, Jahr. »Dies' chahr reesn mier mah nach Schbahnchn.« (Spanien)

dießch, trübe, naßkalt

Digg, ä, (fr.), sonderbare, lächerliche Gewohnheit, Laune, Grille, Dünkel (von tic, Gesichts- oder Mienenzucken). »Mensch, hadd där änn Digg!«

diggschn, dickköpfig sein, aus dem Gekränktsein die Unterhaltung mit anderen einstellen.

Ding, das, auch **Dings,** syn. für Mädchen, »ä junges Ding«, auch der Gegenstand, Ersatzterminus, wenn einem der richtige Begriff nicht einfällt.

Dinnfiff, dorr, der Durchfall

Dinnsdaach, dorr, der Dienstag

dirreggdemang, (ä. F.), direkt, unverzüglich

Dobb, dorr, der Topf

dohrgln, taumeln, unsicher laufen, wie Betrunkene.

Dohrm, dorr, der Turm

dohrwiern, nörgeln, quengeln. »Dohrwiere nich so rum!«

Dolle, dä, syn. für Frisur, Schmachtlocke.

Donnerliddzchn, Donnerwetter (Kraftausdruck).

doochn, taugen. »Die Garrdoffln doochn nischd.«

dorchleiern, durchdrehen, auch die Nerven verlieren.

dorr, für den Artikel »der«.

dorrgehschn, auch **dergehchn,** auch **dagehchn,** dagegen. »Dorrgehschn gibbds nischd zä sahchn.« = Dagegen gibts nichts zu sagen. Syn. für: Das ist einwandfrei.

dorrgwehre, dazwischen, dorrgwehre gwaddschn = dazwischen reden.

dorrheeme, auch **heeme,** zu Hause. »Dorrheeme isses doch am scheensdn.« oder »Gehmorr heeme?« Gehn wir nach Hause?

Dorrnrees'chn, iß, das Dornröschen. »Dornrees'chn war änne Brinnzessin, dies'ch annorr Schbinndl gegiegsd had, unn dann hunndorrd Chahre in änn Dohrme schniebsde.« = Dornröschen war eine Prinzessin, die infolge eines Stiches an einem Arbeitsmittel (Spindel) in einem Turm (mietefrei) 100 Jahre schlief. Danach wurde dieses Unternehmen abgewickelt.

Dorrschd, dorr, der Durst.

dorrwehchn, auch **desdorrwehchn,** dieserhalb, deswegen.

dorrzwischn, dazwischen
dräbbln, tröpfeln
drabbsn, geräuschvoll laufen.
drahchn, tragen
Drahd, dorr, der Draht, syn. auch für Geld. »Schigge Drahd, Gammerad!«
Drähdorr, dä, die Schuhe. »Deine Drähdorr sinn filleichd ausgelahdschd.« Deine Schuhe sind in einem desolatem Zustand.
Drahdsch, dorr, der Klatsch, andere Leute ins Gerede bringen.
Drahsch, dorr, Aufregung bei Vorbereitungen.
Drähsdn, Dresden, säggs'sche Haubdschdadd, ehemahlche Ressedenz dorr Weddiner, unn scheensde Barroggschdadd dorr Welld. (1945 weitgehend zerstört.)
Dräsche, dä, die Schläge, die Prügel.
Drallewaddsch, dorr, der Quatsch, Mißlungenes
drambln, kräftig auftreten
drannschmiern, etwas beschmutzen.
Drebbm, dä, die Treppen
dreemedähmlich, (ä. F.), benommen
dreesdn, trösten
Dreesdorr, dorr, der Tröster
Dreggschleider, dä, ein Mund, der ungezogene, verleumderische Worte ausstößt.
dreie, drei
dreihm, treiben, auch träumen.
dreizn, dreizehn
Driddewahr, das, (fr.), der Fußsteig, von Trottoir.
driehm, drüben. »Hiem wie driem.« = Herüben wie drüben.
driehwe, trüb, dä **Driehwe**, die Triebe.
Drimmer, dä, die Trümmer
Drimmerfrauen, dä, Frauen, die nach 1945 Trümmerziegel zur Weiterverarbeitung abputzten.
dring'gn, trinken. »Gibb morr mah was zu dring'gn.«
drinnewendch, innwendig. »So scheen sä iß, dä Schäbbfung Mensch. Das Bessde schdeggd ähmd drinnewenndch.«
driwwer, auch **driewer**, darüber, driwwer unn niwwer = drüber und hinüber. »Es gehd drunndorr unn driwwer.«
Drohm, dorr, auch der **Drauhm**, der Traum. »Das

fälld morr nich im Drohme ein.« = Das werde ich absolut nicht tun.

Drommbeede, dä, die Trompete

druff, auch **droff**, drauf

drunndorr, darunter

Dschiß, (fr.), Aufwiedersehen (von Adieu, lebe wohl).

duffdch, hauchzart, **duffnd**, wohlriechend auch stinkend

duffde, (hebr.), gut, fein, tüchtig, auch gerissen. »Das iß ä duffdorr Borrsche.« = Das ist ein feiner, tüchtiger Bursche!

duhdn, auf einem Instrument blasen.

duhnse, tuen sie . . .

Duhr, dä, die Tour. **Inn ehner Duhr**, fortlaufend, hintereinander. »Mier machchdn inn ehner Duhr biss Leihdsch.« = Wir begaben uns ohne Aufenthalt bis Leutzsch. (Ortsteil von Leipzig)

dummhehrich, dumm, dummhörig, nichts verstehend.

Dunsdgiewe, dä, bezechter, umnebelter Kopf, abwertend für Hut.

Dussldier, das, ein dummer einfältiger Mensch, der sich ungeschickt anstellt.

E

eechndlich, eigentlich

Eechndiehmlichgeeden, dä, die Eigentümlichkeiten

eechnsinnch, eigensinnig

een, einen. »Er hadde een in dorr Grohne.« = Er war betrunken.

Eenichgeed, dä, die Einigkeit

eenzch, komisch. »Das iß ä eenzchorr Gnopp.« = Das ist ein komischer Mensch. Auch im Sinn von einmalig. »Das iß ä eenzchis Dorchänanndorr.« = Das ist ein einmaliges Durcheinander.

Ehbagg, dorr, der Einback, ein weiches Hefegebäck, Vorstufe zum Zwieback.

ehdeidch, eindeutig

ehdlmiehdch, edelmütig

ehfälldch, auch **einfälldch**, auch **einfälldich**, einfältig

Ehgl, das, ein unausstehlicher Mensch, der **Ehgl**, die Abneigung, der Widerwille.

ehhundorrd, einhundert

ehma, auch **ehmahl**, einmal. »Ehmah iß geemah!«

Ehmer, dorr, auch **Ämmorr**, der Eimer

Ehstreicher, dä, die Österreicher
eich, euch
Ei forrbibbch, Ausruf des Erstaunens, wie: Das ist doch nicht zu glauben! oder: Na sieh mal an!
eindeench, auch **eedeench,** eintönig
einsaggn, einpacken, in einen Sack füllen.
Ellbähbl, dorr, der Ellenbogen
Elleggdrische, dä, (ä. F.), die Straßenbahn
Emmbährung, dä, die Empörung
ennschulschnse, auch **endschulschnse,** entschuldigen Sie.
ennziggnd, entzückend. »Sie hamm änne ganz ennziggnde Dochder.«
Erigga, Erika, bei maulfaulen auch **Ährga.**
errleedchd, erledigt
errlohm, erlauben

F

Fabbrigg, die, die Fabrik
faggn, werfen, Fagge schbieln, Ballspieln, Ballspiel der Mädchen.
Faggsn, dä, Albernheiten, Gesichter schneiden, um andere zu ärgern = Faggsn machn.
fahdnscheinich, auch **fahdnscheinch,** fadenscheinig, undurchsichtig, unglaubhaft.
Fahdorr, dorr, der Vater. In vielen Fällen Vorsitzender der Familie, wenn es die Frau zuläßt.
fähln, fehlen, auch pfählen
fährchdn, fürchten
fährchdorrlich, fürchterlich
Fährchn, ä. F., **Fährichn,** auch **Feriehn,** die Ferien
Fährd, das, das Pferd
fährmlich, förmlich
Fahrwe, dä, die Farbe
fahsln, ungereimtes Zeug reden, unkonzentriert leichtfertig handeln, arbeiten, ä Fahslfehler, ein durch Oberflächlichkeit entstandener Fehler.
Fälldchn, Plur., die Fältchen, auch kleine Felder
Falle, dä, das Bett. »Ach, wie gerne gehn mier alle, ahmds zum Boofn in dä Falle.« Ach, wie gern gehn wir abends zum Schlafen ins Bett.

Famielche, dä, die Familie
Fanndasie, die, die Phantasie
Fäng'ghäbbchn, ä, eine Kleinigkeit, vor allem ein kleines zurückgebliebenes Kind bzw. Säugling.
Fangguhchn, Plur., die Pfannkuchen
färrdch, fertig. »Der iß fällich färrdch offm Dochd.« Er ist völlig erschöpft.
Färrlefans, der, nutzloses Zeug
Färrnßche, dä, der Kopf
Färrschdnduhm, das, das Fürstentum
färrschdorrn, in der Gegend umherstreifen, auch herumtoben, **rummfärrschdorrn.**
Färrßchn, Plur., die Pfirsiche
färrzn, vierzehn
Fawwerigg, die, (ä. F.), die Fabrik
feddch, fettig
feddschn, mit einer Rute oder Peitsche kurz anschlagen.
Feddzn, der, abgerissenes Stück Tuch, auch abwertend für Kleid oder Gardine.
Fefferminze, dä, die Pfefferminze. »Schon dorr Lehrer Goddhold Hinze, lobde offd dä Fefferminze.«
fehchde, auch **feichde,** feucht. »Ä feichdorr Mei, der machd fiel Hei.« Ein feuchter Mai, der bringt viel Heu.
Fehchl, dä, Plur., die Vögel
Fehds, ä, ein Spaß. »Haddn mier ä Fehds!«
Feierlichgeed, auch **Feierlichgeid,** dä, die festliche Veranstaltung, z. B. »Hochzch«, Hochzeit.
Feierriewl, dorr, auch **Feierriebl,** der Schornsteinfeger
Feierwehr, dä, die Feuerwehr
Feife, dä, die Pfeife, auch abwertend für einen ungeschickten, tölpelhaften Menschen.
feigßn, lachen
feihrich, feurig, dä **Feihrichgeed,** die Feurigkeit, das Temperament.
Fennche, auch **Fennje,** auch **Fänge,** Pfennige, syn. auch für Geld. »Ihm fehln dä Fänge.«
ficheland, klug, wachsam, aufgeweckt (von vigilans, wachend, wachsam, unermüdlich).
Fichuhr, dä, (ä. F.), die Figur
fiddschln, reiben, z. B. Hin- und Herreiben beim Kitzeln an der Nase, bei kleinen Kindern in den Augen.

Fiddze, dä, die Pfütze

Fiddzndiddscher, dorr, (ä. F.), Trivialbezeichnung für Frack (der in die Pfütze taucht, diddschd).

Fiecher, dä, Plur., Tiere aller Art, aber **Fieh,** tüchtiger Mensch. »Du bisd ä Fieh off dorr Geiche.«

fiehbm, pfeifen, das **Gefiehbe,** das Gepfeife.

fiehre, vier

fiehrn, führen

Figge, dä, (ä. F.), die Tasche

figgs, schnell, gewandt, tüchtig. Ein figgser Bursche = ein tüchtiger Junge.

Figuggchn, dä, (ä. F.), Fisematenten, Ausflüchte, Umstände. (Vergl. Fissemadennzchn)

fimmf, auch **fimmfe,** fünf

fimmforrn, den Buckel herunterrutschen. »Du gannsd mich mah fimmforrn.«

Fingsdn, Pfingsten, der 50. Tag nach Ostern, hohes christliches Fest. »Wie schreibd morr'dn Fingsdn? Na forrne mit F, wie Fehrd, Du Ochse.«

Fissahsche, dä, (fr.), auch **Wissahsche,** das Gesicht, von Visage.

Fissemaddenzchn, Plur., unlautere Handlungen, von Fissimatenten = leere Ausflüchte, Flausen.

Fläbbe, dä, zum Weinen verzogener Mund, Schmollmund. Ennä Fläbbe ziehn.

Fläddsche, dä, die Flügel

flähdzch, ungezogen

Flähche, dä, die Pflege, auch Umgebung von Ortschaften.

fleedn, flöten. Es gehd eddwas fleedn. = verlustig.

Fleesch, das, das Fleisch

Fleescher, dorr, der Fleischer, Metzger

Fleechl, dähr, der Flegel, ungezogener Mensch.

fleggch, fleckig

Fliehchldiere, dä, die Flügeltür

fliehchn, fliegen, dä **Fliehchn,** die Fliegen.

fliggn, allgemein für nähen (von Fleck).

flimmern, putzen, Glanz erzeugen

flißdern, flüstern

Floggn, dä, Plur., die Flocken

Flossn, dä, trivial für die Hände.

Fluhch, dorr, der Flug (zu fliegen), oder der Fluch, auch der Pflug.

fluhdschn, zügig ablaufen, z. B. die Arbeit. »Das fluhdschd awworr heide.«

Flunndsch, dorr, ein verzogener Mund, der Mißbehagen andeutet.

fobbm, andere necken, ärgern

Fohchlscheiche, dä, die Vogelscheuche

Fohrlehchorr, dorr, der Vorleger, früher auch für Abtreter, Fußmatte.

forräbbln, veralbern

forrbibbch, fluchähnliche Anwendung, wenn etwas mißlungen ist. »Forrbibbch nochämmah!«

forrblämmborrn, vergeuden, sich forrblämmborrn = nicht konzentriert handeln, am wesentlichen vorbeigehen.

forrbliehn, auch **ferrbliehn**, verblühen, syn. auch für verschwinden, sich aus dem Staub machen.

forrdadderd, staunend überrascht sein.

forrdährm, verderben

forrdimmich, **forrdammich**, **forrdanzch**, Fluch, der leichtfertig bei Mißlingen bzw. Behinderungen rasch ausgesprochen wird. Daher auch **Goddforrdannzch**, in der Steigerung **Goddforrdammichnochämah.**

forrdinnesiern, verduften, aus dem Staube machen.

forrdrahchn, vertragen

forrdruhwln, siehe forrdinnesiern

forrgaggeiern, veralbern

forrgährborrn, verkörpern

forrgahsemaduggln, verbrauchen, z. B. Lebensmittel und Genußmittel.

forrgohln, jemand irre führen, veralbern.

forrgohrgsd, danebengeraten, mißlungen

forrgrachchn, durch Zank in Feindschaft auseinandergehen. »Änne forrgrachchde Eggsißdenz« = mißratener Lebensweg, berufliche Fehlentwicklung.

Forrgrehßrung, die, auch **Forrgrehserung**, die Vergrößerung.

forrhäddorn, verfitzen, verfangen, versprechen, beim mündlichen Vortrag stecken bleiben.

forrhähdschln, verwöhnen

forrhohnebiebln, veralbern, verunglimpfen, jemand lächerlich machen.

forrliehm, verlieben

forrmährn, etwas verlegen, verwechseln.
forrnaschn, Geld für Vergnügen ausgeben, auch intime Beziehung aufnehmen.
forrschrummbld, faltig, z. B. die Haut eines Apfels oder des Gesichts.
forrwährchd, verunstaltet, mißlungen, auch das Aussehen eines Menschen nach unsolidem Lebenswandel. »Dähr siehd awworr forrwährchd aus.«
forrzwiggd, (mhd.), kompliziert, verwickelt (16. Jh., mit Zwecken zusammenfügen).
fohr's chahr, im vergangenen Jahr. »Fohrs' chahr haddn mier fiel mehr Bärrn offen Bohme als dies' chahr.«
Fraache, die, die Frage
frannzch, ausgefranst
Freihdaach, dorr, der Freitag
Freide, dä, die Freude, aber auch Freite (Werbung um die Hand eines Mädchens, vom altsächsischen frie = Weib).
freihn, freuen, auch um die Hand eines Mädchens anhalten.
Freinde, dä, die Freunde
Fresse, die, trivial für Gesicht. »Du grichsd glei ehne in dä Fresse!« Du bekommst gleich einen Schlag ins Gesicht. Aber: »Meine Fresse, das häddch nich gedachd.« Ausdruck der Überraschung, wie: Ach herrjeh, das hätte ich nicht vermutet.
frieh, morgens, früh
Friehchahr, iß, das Frühjahr. »Im Friehchahr wenn dä Bliedn bliehn, da gomm ooch dä Gefiehle. Da loggd ehn dä Wiese, dorr Wald unn dorr Fluß, unn am Bache dä glabbriche Miehle.«
friehmln, düffteln, sich mit etwas meist Handwerklichem beschäftigen.
Frisseese, die, die Friseuse
Frollein, auch **Freilein,** auch **Frolln,** Anrede für Fräulein.
fuchdch, wütend. Fuchdch währn = wütend werden.
fuddsch, verloren, verlustig gegangen.
Fuffzcher, dorr, fünfzig Pfennige. »Ä falscher Fuffzcher« = ein unaufrichtiger Mensch.
fuffzn, fünfzehn
fuggs'ch, in starke Erregung geraten, fuggsdeufelswild werden.

Funnsl, die, die Lampe

fuwwern, (ä. F.), auch **fubbern**, verhalten, nuschelnd für sich hinschimpfen.

G

Gäbbchn, das, der kleine Kopf, die kleine Kappe, syn. auch für Klugheit: »Das iß ä Gäbbchn.« = Das ist ein kluger Kopf, auch ein kluger Mensch.

Gabbelle, dä, die Kapelle, kleine Kirche, auch ein kleines Orchester.

gabbrich, auch **gawwrich**, geizig

Gächinn, dä, die Köchin

Gaddrohwe, die, die Garderobe

Gaffee, dorr, der Kaffee

Gaffeedring'gn, das, in Sachsen ausgeprägte Kulthandlung.

Gaggaffm, dä, (ä. F.), dumme Menschen

gaggn, auch **gaggern**, exkrementieren

Gaggoh, auch **Gaggau**, dorr (altmexik.), der Kakao. »Dohrchn Gaggau ziehn.« Jemand schlecht machen, über ihn schlechtes reden.

Gaggsch, der, der Spaß

Gähdchn, weiblicher Vorname Käte, **Gähde**

Gahge, änne, ein Lippenbläschen (herpex simplex, gr. von herpein = kriechen), tritt meist in Gruppen auf, auch ein neugieriges Kind.

gahgln, auch **gahglich**, (Adj.), störend herausragen

gahgn, neugierig gucken

gähgn, sich erbrechen, auch das Plärren kleiner Kinder.

gähm, geben. »Gähm iß seelcher als nähm.« Geben ist seliger als nehmen.

gähmse, geben Sie

Gährbchn, das, das Körbchen

Gährbs, dorr, der Kürbis, syn. für Kopf. »Da habbch mich awworr an mein Gährbs geschdohsn.«

gahrgeener, niemand, keiner

Gährche, dä, die Kirche, vergleiche aber **Gärrsche**, Kirsche

Gähse, auch **Gähsä**, der, der Käse

Gähsebreedchn, das, das Käsebrötchen

Gähsehiddsche, dä, kleiner Kinderschlitten aus Metall mit birnenförmigen Holzsitz.

gähsn, auch **rummgähsn,** sinnlos daherreden, unsachliche Bemerkungen machen.

gähßch, blaß aussehen. »Die siehd ganns gähßch aus.« = Sie sieht ganz blaß aus.

Gallerdzche, dä, das Gallert, die Gallerte, syn. auch für Galle. »Da gommd morr dä Gallerdzche hoch.«

gammbiern, eigtl. unter freiem Himmel lagern (von campus = freies Feld).

Gämmbing, das, das Camping

gammbln, schlagen, tätlich auseinandersetzen

Gännchn, ä, ein Kännchen. »Ä Gännchn Gaffee.«

Ganndiehne, dä, die Kantine

Ganndorr, dorr, der Kantor

Gannebeh, auch **Gannabeh,** das Sofa, Kanapee

Ganninchn, ä, das Kaninchen

gannsch, auch **gannch,** kann ich. »Das gannch machchn.« = Das kann ich machen. **gammorr,** auch **gannmorr,** kann mann, auch Kammer (Gammer).

Gärrdchn, iß, das Gärtchen (kleiner Garten), auch kleine Karte.

Gärrdl, dorr, der Gürtel

Garrdoffelbuffer, dä, Plur., die Kartoffelpuffer

Garre, dä, abwertend für Wagen oder älteres mangelhaftes Gefährt.

Garrehde, die, ein schlechtes Fahrzeug, z. B. ein Wagen oder Fahrrad.

Garrl, Karl

Gärrlchn, ä, ein kleiner Junge. »Das iß ä hibbsches Gärrlchen.« = Das ist ein hübscher Junge.

Garrniggl, iß, das Karnickel, syn. für unbeliebte Frauen.

Gärrche, dä, die Kirsche, Plur. **Gärrschn**

Gärrze, dä, die Kerze, auch die Kürze. »In dorr Gärrze liechd dä Wärrze.« In der Kürze liegt die Würze.

gärrzlich, kürzlich

garschdch, garstig. »Hechsd selldn gommd ä garschdchorr Mann, mid ännorr guhdn Wohldahd an.«

Gäschbrähsch, auch **Geschbräch,** das, das Gespräch

Gaßber, dorr, eine lustige immer zu Scherzen aufgelegte Person, Kasper. Iß **Gaßberle** = Puppenspielfigur.

gaßbern, herumalbern, albern, den Kasper spielen.

Gassdn, dorr, der Kasten. »Soballd das Geld in' Gassdn glingd, dä Seele in'dn Himml schbringd.« (Lutherzeit, Tetzel, Johann, Ablaßprediger, geb. 1465 Pirna, gest. 1519 Leipzig).

gaubln, tauschen

Gaudz, dorr, der aufgesteckte Haarknoten bei Frauen, auch ein komischer, eigenbrötlerischer bzw. geiziger Mensch, Sonderling.

Gauhdschn, das, Zunftbrauch der Buchdrucker und Schriftsetzer bei der Aufnahme der geprüften Jungfacharbeiter in den Kreis der älteren Kollegen, indem sie nach verschiedenen Zeremonien ins Wasser geworfen werden, (von gäutschen, schaukeln, schwabbern). Der Aufgenommene erhält zur Bestätigung der Handlung den Gautschbrief.

gaun, kauen

Gawwalier, auch **Gawwelier**, dorr, der Kavalier

Gazze, dä, die Katze

Gebährche, iß, das Gebirge

Gebammle, das, Herabhängendes, z. B. Schmuck, die Männlichkeit

geddschn, auch **gäddschn**, schmatzend kauen, auch auf einem Kaugummi kauen. Iß **Geddchn**, das Kettchen.

Geddschnbrodah, Ortsname Kötzschenbroda, heute Radebeul.

gedeeche, nachgiebig, einsichtig, zögernd

Gebohrdsdaach, dorr, der Geburtstag

Geechndeel, das Gegenteil

geechln, kegeln

Geegs, dorr, der Keks. Aber: »Du gehsd morr offn Geegs!« = Du gehst mir auf die Nerven.

geehch, gehe ich

geen, auch **gee**, keinem, kein, **geebißchn**, nicht das Geringste . . .

Geenich, dorr, der König

Geenichschdeen, dorr, der Königstein, Berg und Festung bei Pirna.

Geffiddle, das, das Fiedeln, Geigen, abwertend für Geigenmusik.

Gefiehbe, iß, läßtige Art des Pfeifens. Syn. für Widerspruch, Einwände. »Da gibbds weidorr gee Gefiehbe!« Da gibt es keine

Einwende. Das wird so gemacht!

geggern, herumnörgeln

Gehchnorr, dorr, der Gegner

gehnsä, gehen sie

Gehubbe, das, das fortwährende Umherspringen, auch abwertend für tanzen.

Geiche, auch **Geische,** dä, die Geige, syn. »Der schbield dä erschde Geiche.« Er ist tonangebend, Chef, auch Wortführer.

geichn, Geige spielen, auch keuchen nach körperlicher Anstrengung.

Geile, dä, die Keule, auch Schläge. »Du griechsd glei dichdche Geile.« Du bekommst gleich tüchtig Schläge.

Geilerei, dä, die Schlägerei

geizch, geizig

Gelawwre, das, auch **Gelahwre,** unnützes Geschwätz

geleifch, geläufig

Gelummbe, das, minderwertiges Zeug

Gemähre, das, langweilige, langsame Handlung.

gemeene, gemein

gemiedlich, gemütlich, den Sachsen nachgesagte Eigenschaft.

Gemiedlichgeed, auch **Gemiedlichgeid,** ein in Sachsen erfundener gesellschaftlicher (familiärer) Zeitphasenzustand, der sich durch Wohlgefallen der Beteiligten auszeichnet. (→ Gaffeedring'gn)

Gemiehd, das, das Gemüt

Gemiesezährguß, dorr, die Großmarkthalle in Leipzig, wegen des runden Kuppelbaus so benannt.

gemmorr, können wir, das genndmorr = das könnten wir, aber auch, das kennt man.

genndorr, könnt ihr

gerammld, weit verbreiter Ausdruck für gestoßen. »Ann dä Bärrne gerammld.« = An den Kopf gestoßen, auch hastig gelaufen. »Da binnch glei dorrdhin gerammld.« Da habe ich mich unverzüglich dahin begeben.

Gerrl, der, der Kerl, auch der Freund eines Mädchens. »Das iß ä schlechdorr (guhdorr) Gerrl!«

Gerrschguhchn, dorr, der Kirschkuchen, auch **Schbugg'guhchn,** wenn nicht entkernte Kirschen verwendet werden.

Gesabbre, iß, auch **Gesawwre,** sinnloses Geschwätz.
geschberrt, gesperrt
geschwebborrd, vergossen, getrunken, angetrunken sein. »Der hadd awwer een geschwebberrd.«
Gesummsä, das, aufwendiges, umständliches Gerede. »Mach geeh grohses Gesummsä!«
Gewiddorrgrigge, dä, der Regenschirm
gibbln, kippln, unsicherer Stand eines Körpers
gichchern, in sich hineinlachen
Giche, dä, die Küche
Gichnscherrze, dä, die Küchenschürze. (Vergl. Scherrze)
Giege, dä, die Nase. »Mier bludd dä Giege.« Mir blutet die Nase.
giehbsn, schwer Luft holen, besonders nach Anstrengungen. »Sä gonnde gaum noch giehbsn.«
giehgsn, stechen
giehle, auch **giehl,** kühl
Giehwl, dorr, der Giebel, auch Kübel, ein größeres eimerähnliches Gefäß.
Giendobb, dorr, das Kino
Giewe, dä, die Kiepe (Rückentragkorb), auch (ä. F.) Kühe.
giggern, kichern, verhalten lachen
Gimmelgärrner, dä, Plur., Kümmelkörner
gimmln, een, einen trinken, besonders Schnaps.
Gingerliddzchn, die, alberne, unkorrekte Handlung
Ginndorr, dä, Plur., die Kinder, auch Günther.
Ginndoofe, auch **Ginnddoofe,** auch **Ginndaufe,** dä, die Kindtaufe.
ginndsch, kindisch
ginnßsch, auch **ginnsdich,** günstig
Gissde, dä, die Kiste. »Das gommd nich innde Gissde.« Das kommt nicht in Frage.
Gissn, das, das Kissen, auch das Küssen, ä **Gißchn,** ein Küsschen.
glaachn, klagen
Glabbassdorr, dä, Plur., (ä. F.) die Holzschuhe, Holzpantoffeln.
gläbbern, anhäufen (von klappern). »Es gläbberd sich zesamm.« = Nach und nach vermehrt es sich.
Glabbs, dorr, ein leichter

Schlag mit der Hand, auch schrullige Ansicht, Verschrobenheit (Spleen), komischer Einfall. »Der had filleichd änn Glabbs.«

Glabbsband, iß, das Stirnband

Glabbsgäbbe, die, Plur., die Klapsköpfe, Menschen mit denen man nicht gut auskommt.

glabbsn, auch **rummglabbsn**, herumalbern (von Klaps)

Glabbsrehse, die, abwertend für weibliches Wesen (von Klaps = Unvernunft).

Gladderaddaddsch, dorr, die Ungelegenheit, das Mißgeschick

gladdschn, klatschen, herumdratschen, auch für das Verabreichen von Ohrfeigen. »Ich gännde mier glei ä baar gladdschn.« = Ich könnte mich ohrfeigen. Selbstkritische Äußerung, wenn man etwas falsch gemacht hat oder einem nichts einfällt.

hingladdschen, auch **hingleddschn** = hinfallen.

Gläggs, dorr, der Fleck (von kleckern = verschmutzen).

Dinndngläggs, Tintenklecks.

glähbrich, klebrig

Glähche, dä, (von Klage), armselige Bauernstelle. Im benachbarten Halle, die Arbeit.

Glahrah, weiblicher Vorname, Klara, syn. auch für Sonne, auch **Glährchn.**

glahßch, glasig, durchsichtig, transparent.

glännzch, glänzend, blank, auch bei abgetragenen Kleidungsstücken.

Glassigger, dä, (ä. F.), die Klassiker, auch für Glacéhandschuhe.

Glawwier, das, das Klavier

gleggern, breitförmig danebentropfen, auch gemächlich hinterher kommen, zögernd nachfolgen, **hinndorrhergleggern.**

gleen, klein

Gleese, dä, die Klöse. »Unnsre Gächinn, Millorrsch Reese, machd waddeweeche Hehfmgleese.« Unsre Köchin, Müllers Rese, macht watteweiche Hefenklöse.

Glehd, das, das Kleid

glei, gleich. »Morr gännde glei forriggd währn!« Man könnte gleich verrückt werden.

Gleiwichorr, dorr, auch **Gleuwichorr,** der Gläubiger

Gleobahdra, Kleopatra, altägyptische Königin der Ptolemäerdynastie.

Gliddsch, dorr, der Klapps, kleiner Schlag mit der Hand, auch schliff gebackene Teigware, Kuchen, Brot u. a.

Gliddsche, änne, ein armseliger Bauernhof

Gliehwärmchn, iß, das Glühwürmchen

Gligg, iß, das Glück

glimmbern, ungeordnet auf dem Klavier spielen, auch Geräusche, die beim Zusammenschlagen von Gläsern oder Metallen entstehen. Syn. auch für allmähliches Ansammeln. »Es glimmberd sich zäsamm.« z. B. Geld.

Glimmschdengl, dorr, die Zigarette

Glinglbuddsn, das, das Klingelputzen, unerlaubt klingeln.

glingln, klingeln

Globbe, dä, Schläge. »Der grichchd Globbe.« Er bekommt Schläge.

gloddzn, interessiert schauen. »Gloddze nicht soh.«

Gloh, iß, das Klosett

Glohn, dorr, der Clown

Glummbaddsch, dorr, klumbige Masse (von Gelumpe) oder minderwertiges Zeug.

Glunnsch, dorr, schliffes bzw. unausgebackenes Backwarenerzeugnis. Dorr **Glunnscher,** scherzhafte Bezeichnung für Bäcker.

Gnäbbe, dä, die Knöpfe, syn. auch für Geld, dorr **Gnopp,** der Knopf, auch Augen. »Mach Deine Gnäbbe (auch Näbbe) zu.« Schließ deine Augen!

gnaddern, auch **gnäddorrn,** laute, harte Geräusche in kurzen Intervallen (Motorrad, Maschinengewehr).

Gnäggerchn, das, ein Feuerchen, Feuer, besonders im Freien.

Gnahdsch, dorr, üble Nachrede, Klatsch. »Gnahdsch unn Drahdsch.«

Gnall, dorr, der Knall, heftiger, eindringlicher Laut, z. B. mit der Peitsche. »Änn Gnall hamm.« = Nicht richtig im Kopfe sein, bzw. unvernünftig handeln.

Gnährbs, ä, ein kleiner Mensch, Zwerg, kleiner Junge, syn. für zusammenlegbaren kleinen Schirm, (mhd. von Knorpel).

Gnaßd, dorr, der Hunger, auch der Aufenthalt im Gefängnis.

gnaubln, mühsam etwas ablösen, z. B. Schorf von der Haut, einen Knochen abnagen, auch herumtüfteln, z. B. an einer schwierigen Arbeit.

gnausrich, geizig

Gnäwwerdzchn, dä, die Füße bzw. Beine

gnibbln, knüpfen, auch mühsam einen Knoten lösen.

gniedschn, drücken, knittern, vor allem auf die Kleidung bezogen, auch das Ausdrücken von Mitessern.

Gnieschdrimmbe, dä, Plur., die Kniestrümpfe

Gniffd, dorr, abwertend für Messer, besonders, wenn es stumpf ist (engl. von knife).

gniggn, knicken, brechen

gniggrich, geizig

gnillchn, arbeiten, besonders intensiv.

Gnillch, der, der kleinliche, unvollkommene Mensch.

gnille, erschöpft, betrunken. »Dähr iß awworr gnille!« = Der ist aber betrunken!

gnohrge, herrlich, glänzend, ausgezeichnet. (Ein in Berlin um 1920 entstandenes Modewort. Nach einer spendablen Berliner Familie). »Das iß awworr gnohrge!«

gnohwln, tüffteln, etwas erdenken, einen Fehler suchen, auch würfeln.

gnuhdschn, knüllen, drücken, besonders ein Mädchen zärtlich liebkosen, küssen.

Gobb, dorr, der Kopf. »Dorr Gobb unn dä Beene, die machns Mädchn scheene.«

Gobbguhge, dä, das Kopftuch

goddzn, erbrechen, den Magen entleeren

Gohglich, ä, ein Mensch, der sich mit bestimmten Dingen beschäftigt und davon Ahnung hat, z. B. ä **Briehfmahrgngohglich,** ein Philatelist, auch ä **Fährdegohglich,** ein Pferdefreund, -händler (von gaukeln, tändeln, spielen, vortäuschen, auch betrügen, → auch gaubln).

gohgln, mit dem Feuer spielen, **rumgohgln,** die Kinder mit Streichhölzern.

Gohglmohsch, dorr, Kleinzeug, undurchsichtige Sache bzw. unbedachte Handlung.

Mache geen Gohglmohsch. Name eines Stammtischs.

gohgsn, schlafen

Gohl, dorr, der Kohl, auch etwas nicht Gelungenes, **Griengohl** = der Grünkohl.

Gohln, dä, Plur., die Kohlen, auch syn. für Geld. »Haubdsache dä Gohln (das Geld) schdimm!« »Der hadd seine Gohln inn Geller!« Der hat sein Geld rein.

Gohlngaßdn, dorr, der Kohlenkasten

Gohlriehwe, dä, die Kohlrübe, auch syn. für Kopf

gohrchln, auch **gurchln,** gurkeln

Gohrgs, dorr, der Korken, auch Bezeichnung für eine mißlungene Sache. Das iß forrgohrgsd, auch ein kleiner Junge.

Gohse, dä, die Gose. Ursprünglich ein goslaer Bier aus Weizen, nährend, blutreinigend, gegen Steinbildung, laxierend. Alter Scherzreim: »Es iß zwar ä sehr guhdes Bier, dä guhde Leibzcher Gohse, doch wemmorr meend sä sei im Bauch, so liechdsä in dorr Hose.«

gollesahl, kollosal, riesig, übermäßig groß

gollern, auch gullern, kugeln, rollen, purzeln

Gollrahwie, dorr, auch **Gollerrahwie,** der Kohlrabi, syn. auch für Kopf

gomm', kommen, auch komm!

Gommblemännd, das, das Kompliment

Gommdohr, iß, auch **Gonndohr,** (ä. F.), das Büro, Kontor, dä **Gonndorrisdinn,** früher eine Büroangestellte.

Gommeedche, dä, die Komödie, das Lustspiel. »Die schbiehld blohs Gommeedche.« = Sie täuscht etwas vor.

Gonnjagg, auch **Gonnchagg,** dorr, der Kognak

Gonnzenndrahdsjohn, dä, die Konzentration, auch-chohn

goofn, auch **gaufm,** kaufen

Gorrdchn, Verniedlichung von Kurt

gorreggd, korrekt

Gorredohr, dorr, der **Korridor**

gorrz, kurz

Gossdbrohm, dä, die Kostproben

Gossdähäbbchn, iß, eine Kostprobe (von Happen).

Gossdiehm, das, das Kostüm
gräbbm, sich, angeben, sich großtun, herausputzen, auch sich ärgern.
Gräbblchn, dä, die Krapfen (pfannenkuchenartiges Gebäck).
grachchn, lärmen, auch sich zanken, auch stürzen: **hingrachchn,** hinstürzen, **eingrachchn,** einstürzen
graddeliern, gratulieren
graddzch, kratzig
Graffd, dä, die Kraft, Plur., Gräffde
Grähbl, der, mißlungenes Produkt, auch ein schlechter Mensch (von Krüppel).
grähbln, auch **rummgrähbln,** sich mühsam fortbewegen (von Krüppel), auch eine schwierige, nicht fleckende Arbeit verrichten.
gragehln, Lärm verursachen, störend laut singen.
grahbschn, auch **grabbschn,** ungeschickt nach etwas greifen
grähbsn, auch **rummgrähbsn,** (sich wie ein Krebs) unbeholfen fortbewegen.
grähdsch, grätig, z. B. ein Fisch, syn. für ungehalten, gereizt, widerborstig. »Währ doch nich glei soh grähdsch!« = Werde doch nicht gleich so erzürnt (giftig), auch für erschöpft. »Ich binn gannz grähdsch!« (hier grätschen = Beine spreizen).
Grahm, dorr, der Kram, der Besitz, vielerlei Sachen (siehe Krämer), auch Gram (Kummer), auch Graben.
Grähmchen, iß, Sachen, geringer Besitz, Kleinzeug. »Bagge dein Grähmchn!« Pack deine Sachen!
Grämmbl, dorr, der Krempel (von Gerümpel), Trödelkram.
grämmbln, umwenden, z. B. die Hemdsärmel aufkrempeln.
grauchn, kriechen
Grawwe, die, auch **Grabbe,** ein kleines Kind. Änne gleene Grawwe, auch Berliner Schauspielerin mit sächsischem Slang.
grawwln, auch **grabbln,** kitzeln, auch das Kriechen der kleinen Kinder. »Die grawwln offm Fuhsboodn rumm.«
Greize, iß, der Rücken (von Kreuz), die Wirbelsäule.

Gribbs, dorr, das Gehirn, das Wissen, der Intellekt.
Griddigg, die, die Kritik
Griebchn, das Grübchen (von Grube), Vertiefung am Kinn, an der Wange.
griebln, griewln, grübeln, nachdenken
Griebs, auch **Griebsch,** mittlerer Kerngehäuserest des Obstes
griech'sch, auch griechisch, kriege ich, bekomme ich.
Griedschn, iß, das schrille Schreien der Frauen.
Griefe, dä, die Griebe (ausgelassen Speckstückchen). Änne gleene Griefe = Ein kleines Kind, auch Ausschlag an der Lippe.
Griehmglähse, dorr, kleines Zeug (von Krümelkäse).
griehmln, krümeln, Krumen unachtsam verstreuen.
griehn, grün
Griehse, dä, die Grüße, auch die Krise.
Griehwaddsch, ä, auch **Griehwahdsch,** (poln.), eigtl. ein Schiefschultriger, auch ein lustiger Mensch, auch für klein geratene Kinder. »Das iß ä gleener Griehwadsch.«
grimm, krümmen. »Frieh grimmd sich, was ä Hähgchn währn will.«
Grimme, Grimma, Ortsname im Bezirk Leipzig. »Gr. worrde schonn in dorr Biewl erwähnd: Gahihn (Kain) erschluch sein' Bruder Ahbl in Grimme.« (im Grimm).
grinsn, behäbig lächeln, auch für heulen.
Griwwln, das, auch **Gribbln,** das Hautjucken, jemand kitzeln.
grohsgoddzch, prahlerisch, aufschneiderisch
großmohblich, auch **großmohglich,** großzügig, den Verschwender spielen.
Gruhdsch, dorr, das Kleinzeug, auch kleine Kinder, auch Überbleibsel.
Gruhdscher, dorr, der Schulanfänger, **Achdngruhdscher,** oder **Achdergruhdscher.**
Grummbln, dä, die Streußel auf dem Streußelkuchen. »Das scheensde am Guchn, dä Grummbln, ißt morr frisch, sonnsd duhnsä forr schrummbln.«
Guddlmuddl, das, Durcheinander, Unordnung
guddln, trinken, besonders bei kleinen Kindern.

guddschn, fahren (von Kutsche), vor allem für überflüssiges Herumfahren. »Draußn rummguddschn.«

Guggchn, dä, Plur., Verniedlichung für Augen

Guhchn, dorr, der Kuchen

Guhdsder, mei, mein Guterster, typisch sächsische Anrede

Guller, dä, die Kugel, syn. auch für Kopf.

gullern, kugeln

gullgsn, gluckern, Geräusch beim hastigen Trinken

Gummd, das, das Kummet, syn. für steifen Kragen, auch Korsett.

Gungs, ä, auch **Gung'gs,** ein Stoß, **gungsn** auch **gung'gsn.**

Gurrahsche, dä, (ä. F./fr.), auch **Gorrahsche,** der Mut (von Courage), **gurraschierd,** mutig, kurz entschlossen. »Denn fähld dä Gurrahsche.« = Ihm (auch denen) fehlt die Courage.

Gusche, dä, der Mund, »dä grohse Gusche hamm«.

guschln, sich anschmiegen

Gussiehne, die, die Cousine, der **Gusseng,** Cousin.

Guwwärd, (fr.), Briefumschlag (von couvrir, bedecken).

guwwern, bauschen, schlecht sitzen, besonders an der Kleidung der Kragen.

gwaddern, erzählen

Gwadderaddaddsch, der, der Unsinn

Gwaddrahdlahdschn, die, große Füße bzw. Schuhe

gwaddschn, reden, die Zeit verreden. »Gwaddsche nich so dumm.« = Laß das Reden sein.

Gwährchl, ä, ein schreiender Säugling (von norddt. quare = schreien), auch ein kleines unruhiges Kind.

gwährchln, auch **rumgwährchln,** ziellos, störend hin und her bewegen. »Gwährchld mah nich so rum.«

gwähre, in Redewendungen »über kreuz«. »Dorr greiz unn gwähre«, durcheinander. »Inn dä gwähre gomm«, störend den Weg kreuzen. »Dähr **Gwährsagg** oder **Gwährgobb,** ein streitsüchtiger Mensch.

Gwahrggeilchn. Quarkkeulchen (Quark, sorb.). Ein Pfannengericht aus Quark, gekochten Kartoffeln, Mehl und Eiern.

Gwahrgguhchn, dorr, der Quarkkuchen.

gwahrzn, rauchen (auf Tabakwaren bezogen). »Soll dä Lunge dier forrhahrzn, mussde fessde weidorrgwahrzn.«

Gwalledähd, dä, die Qualität

Gwallm, dorr, der Rauch

Gwanndn, dä, große Füße bzw. Schuhe, dä **Gähsegwanndn** = die Schweißfüße.

gwassln, in einem Fluß seicht, daherreden.

Gwasslschdribbe, dä, das Telefon, auch ein geschwätziger Mensch.

Gweh, ä, »Ä Gweh neihmachn.« = Etwas verhindern oder einem anderen verderben.

gwengln, drängen, drangsalieren der Kinder, mit dem Ziel etwas zu erlangen.

gwessdorrn, ständig hinaus- und hereinlaufen

Gwiedschgißde, dä, die Ziehharmonika, das Akkordeon

gwiedschn, schrille Töne erzeugen, bei Schmerz, beim schnellen Bremsen, bei ungeölten Türen.

gwiehdschforrgniechd, ausgelassen, lustig, quietschend.

H

Haabchn-Baabchn, das, ein bißchen Zeug, geringer Besitz, besonders geliebte Kleinigkeiten.

habbch, happig, auch habe ich

Häbbchn, ä, eine Kleinigkeit, ein Bißchen.

häggern, klettern

Häggmägg, dorr, auch **Häggemägg,** Fehlhandlung, das Durcheinander (von etwas aushecken).

Haggsch, der, der Eber, syn. für unanständiger Mensch, der fortwährend schmutzige Witze erzählt bzw. ein sich ständig beschmutzender Mensch, auch geiler Bock.

hahbern, mangeln. »Da hahberds.« Da fehlts. Auch wenn die Ferse bei zu weiten Schuhen nicht fest sitzt, hier auch hahbln.

hähdschln, liebkosen, streicheln, verwöhnen. »Ä forrhähdschldes Ginnd.«

hähr, herum. »Dä Miggn fliechn umm ehn her.« Die Mücken fliegen um einen her.

Hährer, dorr, der Hörer (Telefon, Student im Hörsaal).

hährnse, hören Sie

hallwiern, halbieren

hamm, haben. »Da hammse awwer Schwein!« = Da haben Sie aber Glück!

Hanndschn, dä, Plur., die Handschuhe

härrjehmorschnee, auch **herrjeh,** Ausruf der Verwunderung bzw. Schreckens (von herrjemine), wie: Ist denn das möglich?

Hasche, die, kindliches Fangspiel mit Abschlag, Hasche spielen, (von haschen, fangen).

Hascherchn, das, bemitleidenswertes Kind. »Das iß ä ahrmes Haserchn.«

haßdch, hastig

Hauch, ä, ein Hauch, ein leises Wehen, ein leichter Luftzug, auch syn. für kaum Merkliches oder rasch Vergehendes: z. B. ä Hauch Bluhmduffd oder Zährdlichgeed.

hauchn, behutsam Luft aus dem geöffneten Mund stoßen: z. B. anhauchn (Prüfung, ob man nach Alkohol riecht), in dä Hännde hauchn (zur Erwärmung), iß Lähm aushauchn (sterben), auch syn. für flüstern, z. B. »Ich liehwe Dich!« Offm Sohfah hauchn (auf dem Sofa hocken), hauchdinne droffschmiern (aus Sparsamkeit Brotaufstrich dünn auftragen), drannhauchn (beim Glaspolieren).

haun, schlagen. »Das haud een hin (oder um)!« Das wirft einen um bzw. das ist nicht zu glauben!

haußn, (her)außen, aber **hausn,** wohnen, wirtschaften, mehr im Sinne von notdürftigem, unwürdigem Wohnen.

hawwe, habe, **hawwich,** habe ich, auch **habbch,** letzteres auch für happig = unbescheiden.

heddschn, häddschn, auch **haadschn.** »Ich gann gaum noch haadschn.« sich mühsam hinschleppen.

Heed, iß, (ä. F.), der Kopf. »Das Bier schdeichd inns Heed.«, auch Krautkopf.

Heedlbährn, dä, die Heidelbeeren, Blaubeeren (von Heide).

heeflich, höflich. »Dä Heeflichgeed, ä schdiggchn

Gligg, gehrd ihrchndwann zä dir zorigg.«

heem, heben. »Mier gehn een heem.« = In die Gastwirtschaft gehen, alkoholische Getränke zu sich nehmen.

heemdiggsch, heimtückisch, hinterlistig, bösartig

heeme, auch **dorrheeme**, zu Hause

heesn, heißen. »Wie heesn Sie'dn?« Wie ist Ihr Name? Aber auch: »Ä Schählchn Heesn.« Eine Tasse Kaffee.

hehnich, hehe, heh, auch **hähä, hä**, (eine wenig sinnvolle) Selbstbestätigung der eigenen Worte während eines Gesprächs, mit der Bedeutung: Stimmts? So ists doch richtig?

Heia, dä, das Bett

heide, heute, **heide ahmd, heide nachmiddach.**

Heidegraud, das, das Heidekraut, aber: »Heide graud morrsch forr dorr Ahrweid!«

Heißchn, iß, das Häuschen. »Mier forrsaufm unnsrorr Ohmamma iehr Heißchn, iehr Heißchn, middorr erschdn unn dorr zweedn Hibbodehg, wenns gehd!«

helle, hell, klug, gescheit, pfiffig. »Mier Saggsn, mier sinn helle.«

hernahchns, (ä. F.), hernach, nachher, danach

heu, Ausdruck des Erstaunens: nanu!?

hibbsch, hübsch

Hidde, dä, die Hütte

Hiddsche, dä, die Fußbank

hiem, herüben. »Hiem wie driem.« = Hüben wie drüben.

hiewern, mit kleinen Kindern schmusen, Kopf an Kopf legen und wiegende Bewegung ausführen.

hingleddschn, ausgleiten, hinfallen (von gleiten).

hinhaun, hinmachn, sich beeilen

hinne, herinnen, aber »änne Hinne«, ein Huhn.

hinsoggn, hinlaufen

hißde, auch **sißde**, siehst Du. Sieh einmal an. Das hast Du nun davon!

Hochchzch, dä, die Hochzeit.

Hoddell, iß, das Hotel

Hohrch druff (droff), höre hin. Aufruf zu konzentriertem Zuhören.

Hohrwl, änne, eine Kopfnuß. Ein Schlag mit den Knöcheln

bzw. mit der Faust an den Kopf.

Holzbanndiehn, dä, die Holzpantoffeln (siehe auch Banndiehn).

Hornßche, dä, der unwirtliche Raum bzw. die ungemütliche Wohnung.

hubbm, hüpfen, springen

Huddl'lei, dä, die Schwierigkeit (HUMINI = Huddl'lei middn Nischl, es mit den Nerven haben).

Hufladdch, dorr, »Dorr Hufladdch iß ä Hußdnforrdreiworr. Er bliehd von Februar bis Abrill.«

Hugge, der Rücken. »Du grichsd glei dä Hugge voll.« Du bekommst gleich Prügel.

hugglich, uneben, holprig

huggn, auch **hoggn,** (herum)-sitzen. Eigtl. in der Hocke sitzen.

Hummbuhch, der, (amer.-engl.), der Schwindel, Unsinn

huschln, auch **guschln,** den Körper wohlig in etwas einhüllen, z. B. Kinder im Bettchen (von kuscheln).

I

Iddchohd, der, der Idiot

Iddahlichn, (ä. F.), auch **Iddahlchn,** Italien

iehwer-, auch **iwworr-,** in Wortzusammensetzungen »über-«. Die unterschiedliche Anwendung kann situationsbedingt sein oder vom persönlichen Temperament abhängen. (→ auch iehwl-)

Iehwerfluß, dorr, auch **Iwworrfluß,** der Überfluß

iehwl-, auch **iwwl-,** in Wortzusammensetzungen »übel-«. Beachte aber: »Mier isses gannz iehwl.« (nur so!).

iehwlnähmsch, übelnehmend. »Die's awworr iehwlnähmsch.«

Iehwung, dä, die Übung

Iller, dorr, auch **Illei,** der Polizist. (ä. F.)

illern, verstohlen schauen, gucken.

immediern, imitieren

immnuh, rasch, im Handumdrehen

Inndewiehdchum, das, die Persönlichkeit, auch ein schlechter Mensch, auch ein spaßiger Mensch, je nach Betonung.

inndorrnahdßchionahl, international

innwänndch, auch **innewänndsch**, innwendig, innen

iß, ist, »Was nich iß, iß nich.« Was nicht möglich ist, muß man so hinnehmen. Auch »das«: »Iß (das) Felgorrschlachddeng'gmal iß (ist) eenneinzch Medorr hoch.«

isses, ist es. »Ich wees nich, mier isses so gohmisch!« = Ich weiß nicht, mir ist es so komisch!

iwwer, auch **iehwer**, über.

iwwerdellbln, auch **iehwerdellbln**, übertölpeln, übervorteilen.

iwwerdriehm, übertrieben

iwwerdrißch, auch **iehwerdrißch**, überdrüssig

Iwwerfluß, dorr, der Überfluß, auch Iehwerfluß.

iwwergwehrn, auch **iehwergwehrn**, überqueren, z. B. eine Straße.

iwwerlehchn, überlegen

iwwerwinndorrn, auch **iehwerwindorrn**, überwintern.

iwwrich, auch **iehwrich**, übrig

J

(siehe ABC) »ja«, gebräuchlicher »cha« (ch, wie bei weich).

Jannewahr, dorr, **Channewahr**, seltener **Schannuahr**, der Januar.

jemersch'nee, auch **chehmorrschnee**, (→ herrjehmorschnee), Ausdruck des Bedauerns, Erstaunens.

Jiehbschn, **Chiebchn**, auch **Schiebchn**, das, das Kinderjäckchen

Jingling, dorr, **Chingling**, der Jüngling

K

(gugge bei G)

L

labbch, welk, schlaff (von Lappen), auch unzureichend, z. B. bei Trinkgeld oder Speisen.

läbbern, auf etwas Appetit haben, wobei die Lippen in Vorahnung auf und zu klappen, auch für anhäufen. »Es läbberd sich zäsamm.«

labbrich, lawwrich, labbch, fade im Geschmack. »Das iß filleichd änne labbriche Briehe.« Das ist eine geschmacklose Suppe (Brühe, Soße). Auch minderwertig.

läddsch, fade, ohne Geschmack.

Läffl, dorr, der Löffel, auch umgängl. für Ohren. »Schberre Deine Läffl uff (off).« = Höre gut hin!

Lahdsch, dorr, der Pantoffel, auch geschmackloser, dünner Kaffee.

lahdschn, nachlässig gehen. Dä **Lahdschn,** Pantoffeln, auch ausgetretene Schuhe.

Lähm, iß, das Leben. Dä **Lähmsfreide.**

Lahmarsch, där, der langsame, langweilige Mensch, der Phlegmatiker.

laußch, lausig. » Ginndorr, ä's gomm laußche Zeidn!«

läwwänndch, auch **läwwänndsch,** lebend, lebendig, lebhaft. »Das Ginnd iß awworr läwwänndch.« = Das Kind ist aber lebhaft.

Lawwe, dä, der Mund. »Hallde Deine Lawwe!« = Halte den Mund, sei still!

lawwehde, (fr.), erschöpft, wackelig, kaputt.

leechn, legen

leeslich, löslich

Leewe, dorr, der Löwe, dä **Leem** Plur., dorr **Leem,** der Lehm.

Leffl, dä, Plur., Löffel, syn. für Ohren.

Leibzch, Ortsname, Leipzig, bekannte Messestadt und Buchstadt.

Leide, dä, die Leute. »Was währn'dn da dä Leide sahchn?« = Was werden denn da die Leute sagen?

Leidsch, Leutzsch, Ortsteil im Leipziger Westen.

Leiermann, dorr, auch **Leiergassdnmann,** der Drehorgelspieler.

leiern, drehen, z. B. Drehorgel. (von gr.-lat. lyra), auch langsam, eintönig reden. »Der leierd das awwer runndorr.« Auch etwas hochwinden.

Leine ziehn, sich auf und davon machen.

libbern, gerinnen, die Suppe beim Kaltwerden an der Oberfläche, auch das Wasser der Pfützen bei Frost.

Liehwe, dä, die Liebe. »Dä Liehwe unn dorr Suff, die reihm inn Menschn uff!«

Liggähr, dorr, der Likör

Linndnbliehdn, dä, Plur., die Lindenblüten.

Lodderlähm, iß, ausschweifende Lebensweise (nach dem berühmten Renaissancebaumeister Lotter).

Loddrich, ä, ein liederlicher, unzuverlässiger Mensch.

loggn, locken, die Haare, auch jemand werbend anreizen, Locken herstellen.

Loggsche, dä, infantiler Ausdruck für Lokomotive.

Lohngrien, auch **Lo'engrien,** (fr.), Lohengrin, der Schwanenritter (von: der Lothringer Garin).

Lohrge, dä, schlechtes Getränk, besonders Kaffee.

loofn, laufen

loofch, laufend, z. B. zerfließender Käse, auch paarungsbereite Hunde.

Luhderbeen, ä, ein Spitzbube, gerissener Mensch, auch weiblich.

Luhbe, dä, die Lupe

Luhlahdsch, dorr, auch **Luhladdsch,** ein Mensch mit großer Körpergröße. »Der lange Luhlahdsch.«

Luhmich, dorr, betrügerischer, undurchsichtiger Mensch.

lummbch, lumpig, unanständig, erbärmlich, auch abgerissen in der Kleidung. »Änne lummbche Summe«, ein zu geringes Trink- oder Kaufgeld.

lummbern, drausen herumtreiben, besonders bei Kindern. »Drausn rummlummbern.«

lummbm, in den Gaststätten herumtreiben. Auch großzügig sein. »Ich lasse mich nich lummbm!« Aber dä **Lummbm,** wertlose Lappen, abgetragene, zerschlissene Kleider. Dorr **Lummbmsammler,** Altstoffaufkäufer, außerdem die letzte Straßenbahn in der Nacht.

M

Mäbbse, dä, das Geld, eigtl. gestohlenes Geld, (von mopsen = stehlen).

machn, vielseitig verwendetes Verb für »etwas tun«, z. B. gehen, arbeiten u. a. »Mache hin!« = Beeile Dich!

madd'sch, nässend. »Es maddschd draußn!« = Es regnet!

Maddschämmer, dorr, (ä. F.), früher in Wohnungen ohne Wasserleitung und Abfluß der Eimer für die Abwässer. Dazu gehörte auch der Wasserämmer zur Aufbewahrung des Frischwassers.

Maddschfaß, das, ein Faß in dem Abwässer aufbewahrt werden. Syn. für Person, die mit Flüssigkeiten umgeht bzw. unachtsam verschüttet, auch unförmige Person.

maddschn, Wasser oder andere Flüssigkeit vergeuden, bzw. daneben schütten.

mägger, auch **mehgorr,** mag er. »Da mägger mah sellworr hehrgomm.« = Da mag er mal selbst herkommen.

mäggern, ziegenartig lachen, auch herumnörgeln.

Mah, iß, Mal. »Iß erschde, zweede . . . Mah.

Mähchn, iß, (ä. F.), das Mädchen

mahdch, syn. für schlecht. »Ehn mahdch machn.« Jemandem etwas Übles nachsagen.

Mähdefäßchn, dä, Plur., (ä. F.), die Hagebutten (von Mädesüß, ein staudiger Rosenblütler).

mähglich, nörglich, wählerisch, besonders beim Essen. Beachte auch **meeglich,** möglich.

Mährde, dä, langwierige, langweilige Handlung.

Mährmuhs, dorr, der langsame, behäbige, langweilige Mensch.

Mährn, dä, Plur., die Möhren, **mährn,** langsam handeln, auch in etwas wühlen: »mähre nich drinnerumm«.

Mährsagg, där, auch **Mährich,** zögernder, langsamer Mensch.

Märreddch, dorr, der Meerrettich

mährschdndeels, (ä. F.), meistens

mallahde, (fr.), erschöpft, krank (von malade = krank).

Mallähr, das, (fr.), das Malheur, Unglück, Versehen.

Manneewer, das, auch **Manneefer,** das Manöver

Mannsn, das, (ä. F.), das Mannsbild, der Mann (Mannsn unn Weibsn).

mäschugge, (hebr.), verrückt (von meschugga).

Mauge, dä, eigtl. das Reißen im Fuß (Podagra), Versteck fürs Geld (geheime Rücklage), aber auch Lust. »Ich hawwe heide geene Mauge.« (keine Lust).

meechlich, auch **meeglich,** möglich. »Morr solls nich forr meechlich halldn!« = Man solls nicht für möglich halten.

Meechlichgeed, die, die Möglichkeit

mehgorr, mag er. »Da mehgorr sellworr mah hergomm.« Da mag er selber einmal herkommen.

mei, mein. »Mei Fahdorr war ä Wandersmann.« Aber auch der Mai.

meinswehchn, meinetwegen

Meirahn, dorr, (gr.-lat.), der Majoran (Gewürz). »Dorr Meirahn schiggd dä Worrschd midunndorr, unns zorr Lusd am Gaumen runndorr.«

Meißchn, das, das Mäuschen, Spitze des Ellenbogens.

Mehwl, dä, Plur., die Möbel

Mellmern, dä, eine in Sachsen bekannte weibliche Witzfigur

Menniech, das, (fr.), das Menü, der Küchenzettel.

Menschheed, dä, die Menschheit

middänanndorr, miteinander

Middch, dorr, (ä. F.), der Mittwoch

Miedchgeed, dä, die Müdigkeit

miede, dä müde, Miede, die Miete.

Mief, dorr, der schlechte Geruch, verbrauchte Luft.

mier, wir, auch mir, z. B. »Sä genn mier sachchn, was sä wolln, mier (morr) hamm geen richdchn Sommer gehabbd.« = Sie können mir sagen, was Sie wollen, wir haben keinen richtigen Sommer gehabt.

Miggn, dä, Plur., die Mücken. »Wenn dä Miggn schbieln, gibbds scheenes Wedder.«

miggrich, dürftig, unvollendet, unentwickelt.

Milledähr, das, das Militär

mischln, mischen, besonders Spielkarten.

mobbsn, stehlen, mehr für unbedeutenden Diebstahl, wie unerlaubt ein Stück Kuchen entwenden.

moggiern, sich, etwas spöttisch kritisieren, sich lustig machen, (von mokieren).

Mohdschägiebchn, das, der Marienkäfer

mohgln, betrügen, unehrlich spielen.

mohmlich, undurchsichtig, eigenartig.

Mohndch, dorr, (ä. F.), der Montag

Mohrgs, dorr, der Ausschuß, schlechte Arbeit, (von Murks).

Mohrngäbbe, dä, Plur., die Mohrenköpfe, ein rundes mit Schokolade überzogenes Schaumgebäck.

Mohrchn, auch **Mohrschn**, auch **Moin**, Kurzform für »Guten Morgen«, auch der Morgen.

Mohsch, dorr, der Ausschuß, Abfall, Trödel

mohschn, vergeuden, (Vergl. ahsn), mit etwas verschwenderisch umgehen, besonders verstreuen.

morr, man. »Da gammorr froh sinn!« = Da kann man froh sein. Auch »wir«. »Morr währns schonn schaffn.« Wir werden es schon schaffen.

morrsch, mir es. »Dä gannsd morrsch glohm!« = Du kannst mirs glauben!

muffch, muffig, dumpf, modrig, fauligriechend. Auch unzugänglich. Menschen mit schlechter Laune.

Muffl, der, der maulfaule Mensch.

muggch, maulfaul, launisch, verdrossen

Muggefugg, dorr, der Malzkaffee.

Muggs, ä, ein unterdrückter Laut. »Ich hawwe geen Muggs gesahchd.« Ich habe mich mit keinem Laut geäußert.

muggsn, bewegen, rühren. »Der hadds'ch nich gemuggsd.« Er hat sich nicht gerührt.

Muhzln, dä, Plur., die Fäserchen, Härchen.

muhzln, Anlagern von Fäserchen oder Härchen auf Stoffen, auch das Ausgehen der Haare bei Pelzen. »Der Pelz muhzld.«

mullmich, auch **mullmch,** eigentümlich, ein komisches Gefühl in der Magengegend haben, besonders bei Brechreiz oder sich annähernden Durchfall, auch bei bzw. vor Prüfungen.

Mumm, dorr, die Kraft, die Courage, der Mut. »Dähr hadd filleichd ä Mumm!«

Mummbidz, dorr, der Unsinn, dummes Gerede, Schwindel (hessisch, von Mombotz = Gespenst).

mummbln, unbeholfen, langsam (zahnlos) kauen.

N

Näbbe, dä, Plur., Näpfe, syn. für Augen.

naggch, auch **naggsch,** auch **naggich,** nackt, unbekleidet, auch für unzureichend, z. B. »das iß filleichd ä naggches Ässn (Speise)«, d. h. ohne große Beigaben.

Nähchl, auch **Nähschl,** die, Nägel.

Nahmd, Kurzform für »Guten Abend!«

nähmch, nehme ich

nährchln, nörgeln

Närrle, änne, ein spärlicher Haarknoten bei Frauen.

närrsch, auf etwas ganz versessen sein (von närrisch), z. B. Schwangere auf bestimmte Eßwaren, auch Kinder auf bestimmtes Spielzeug.

nauswärds, nach draußen.

nee, nein (vergl. nein).

needch, auch **needsch,** nötig,

needchn, nötigen.

Neeche, dä, Rest von Flüssigkeit, besonders bei Getränken (von neigen). »Dehn Gellch biß zorr biddern Neeche ausdring'gn.« = Den Kelch bis zur bitteren Neige austrinken.

neggch, auch **neggsch,** auch **neggisch,** neckig, (von necken). »Da iß ä allder Neggch.« Das ist ein übermütiger zu Neckereien aufgelegter Mensch.

neihdsch, neidisch

Neijohrg, New York

neilich, neulich

neimohdsch, neumodisch

nein, Verneinung, aber auch

Kurzform für hinein. »Tuhnsiss nein!« Legen Sie es hinein.

neine, neun, »Alle neine!« voller Treff beim Kegeln, **neinzn**, neunzehn, **neinneinzch**, neunundneunzig.

neinfeffern, einheizen, etwas hineinwerfen.

neingleddschn, **neigleddschn**, reinfallen, hineinfallen, in die Tiefe oder durch Betrug beim Kauf.

neinwammsn, intensive Nahrungsaufnahme, kräftig zulangen.

nibbln, nippen, trinken, besonders alkoholische Getränke. »Mier gehn een nibbln.« Aber **abnibbln**, sterben.

nibbm, etwas von einer Flüssigkeit kosten, auch dem Alkohol zusprechen. »Mier gehn een nibbm.«

niederdrächchdch, niederträchtig

Nieslbriehm, der, leerer Schwätzer, komischer Kautz.

Nille, Kopf, Ball, männliches Glied

nischd, nichts

Nischl, dorr, der Kopf. »Ich hawwe mich anndn Nischl gerannd.« = Ich habe mich an den Kopf gestoßen. Jemand **nischln**, am Kopf schütteln, auch schlagen.

niwwer, auch **niehwer**, hinüber, auch für rüber. »Das Riwwer unn Niwwer.« Das Hin und Her.

nochämah, noch einmal

Nohrwln, dä, Plur. kleine, harte Kotklümpchen (von Norpel u. Knorpel), z. B. **Ziggnnohrwln.**

Nohwemmborr, dorr, auch **Nowwemmborr**, der November.

nu ähm, auch **na ähmd**, ach so, ach ja, in der Bedeutung: Ja, das stimmt.

Nubbl, dorr, der Schnuller, Sauger für Säuglinge

nuddln, leiern, eintönig musizieren

nuhdschn, lutschen, etwas auf der Zunge saugend zergehen lassen. Auch für trinken. »Mier gehn een nuhdschn.«

nuschln, undeutlich sprechen.

O

off, auch **uff**, auf

Oggdohwer, dorr, der Oktober

oggßch, wenig einsichtig, siehe auch **uggßch**. »Iß der heide widdorr oggßch.« Heute ist er wieder unvernünftig.

ohnmächchdch, ohnmächtig

Ohrngriecher, dorr, der Ohrenkriecher

Ohwerschdiebchn, iß, der Kopf, das Gehirn. »Bei dier isses wohl imm Ohwerschdiebchn nich ganns richchdch?« In Deinem Kopf stimmts wohl nicht.

ooch, auch **oh**, auch. »Du gannsd oh ma hellfn!« = Du kannst auch mal helfen! Nicht verwechseln mit: Du kannst Oma helfen!

Ooche, das (iß) das Auge

Oochnbligg, dorr, der Augenblick

P

(gugge bei B)

Q

(gugge bei G)

R

Rabbahwer, dorr, der Rhabarber

rabblich, verrückt, närrisch

Raddau, der, stark störender Lärm

Räggchn, das, das Röckchen

Rahsche, dä, (fr.), die Aufregung. Jemand in Wut, Raserei bringen. Auch Übereifer. »Duh gannsd een richchdch inn Rahsche bring'.«

Rähchn, dorr, der Regen. »Rähchn währmorr griechn.« = Doppeldeutig: Regen werden wir bekommen. auch: Regenwürmer kriechen. »Rähchn bringd Sähchn.« = Regen bringt Segen. Auch: (Sich) regen bringt Segen.

Rähchnwärmer, dä, Plur., die Regenwürmer

Rahdehagge, änne, (eigtl. Rodehacke). Bodenbearbeitungsgerät, das auf zwei Rädern wankt. Daher: »Der iß besoffm (schwankt) wie änne Rahdehagge.«

rahdzn, kratzen, ritzen

Rämmfd, dorr, auch **Remmfd**, iß **Rämmfdchn**, der Anschnitt, und das Ende eines Brotes.

rammldeeßch, **rammdeeßch**, wild gebärend, ungeduldig.

rang'gorrn, Unordnung schaffen, aber auch auf Polstermöbeln bzw. im Bett auf- und abhopsen.

Rannzn, dorr, der Ranzen, syn. auch Magen. »Dähn Rannzn voll hamm.«

rannzch, ranzig

Rarredäd, änne, die Seltenheit (von rar)

Räschbeggd, dorr, der Respekt

Rasierlohsche, dä, die vordersten Reihen im Kino.

rass'ch, rassig. »Ä rass'ches Fährd.«

Raude, änne, ein Rüpel

rausgezärrd, rausgezogen

Reahl, ä, ein Regal

Reechelahdorr, auch **Reegelahdohr**, dorr, (ä. F.), die Wanduhr.

Redderrahde, dä, (ä. F.), die Retirade (von retirieren, zurückziehen), Pissoir, Bedürfnisanstalt der Männer.

reechn, reichen, ausreichen

Reese, änne, eine Reise. Vergl. auch **Rehse**, Verunglimpfung von Resi (im abwertenden Sinn). »Das iß filleichd änne Rehse.« (begriffsstutziges Mädchen).

Rehse, dä, abwertend für Frau oder Mädchen.

Reihmadißmus, dorr, der Rheumatismus, auch **Reihma**, iß, das Rheuma.

Reihweisn, iß, das Reibeisen, auch ein rauher Mensch.

Reißn, iß, das Rheuma

Reiwer, dä, die Räuber

Renndcheh, ä, (ä. F.), ein Rentner (von Rentier, fr.).

Rewweluhdzchohn, dä, die Revolution, Umwälzung, Erneuerung.

richdch, richtig

Riehge, dä, abwertend für einfältiges, geziertes Mädchen (von Ricke = Rehgeiß).

riehm, herrüben, dorr **Riehm**, der Riemen, dä **Riehm**, die Rüben.

Riehwe, dä, die Rübe, syn. auch für Kopf, »an dä Riehwe stoßn.«

Riehwl, ä, auch **Riehbl,** ein Rüpel, Flegel, Grobian, Lümmel (von Ruprecht).
Riggn, dorr, der Rücken, **begriggnd,** bezaubernd.
rißgiern, riskieren
riwwer, auch **riehwer,** rüber
riwwln, reiben, abschaben, abreiben
roddsfrech, ungewöhnlich frech
roddßch, verschnupft, auch keß, frech
rohs'ch, rosig
rubbch, auch **rubbsch,** ruppig, ernsthaft böse werden.
rummbehsn, herumtreiben, bei weiblichen Wesen, die oft und gern ausgehen.
Rummblgammer, dä, die Rumpelkammer
rummgähsn, sinnlos daherreden
rummwiehln, herumwühlen, Unordnung schaffen
rundrumm, rundherum
Rungs, ä, ein grober Flegel
Rungsn, auch **Rung'gs,** dorr, ein derbes Stück Brot.

S

sache, gut, hervorragend, prima. »Das iß sache!« (a kurz gesprochen)
saggramend, auch **saggermend,** (fr.-lat.), verflucht (von sackerment), Sakrament
Saggse, dorr, der Sachse
säggs'sch, sächsisch
sahch'ch, sage ich. »Sahch'ch forrsche«, sage ich zu ihr.
Sähchn, dorr, der Segen, **sähchn,** sägen.
sähmich, dickflüssig (von seimig).
sähnse, sehen Sie
Sahrchnahchl, dorr, die Zigarette
Sährfelahdworrschd, dä, die Zervelatwurst
salzch, salzig
Sämml, dä, die Semmel.
sanndch, sandig
sawwern, Speichel ausfließen lassen, auch nutzlos daherreden.
sawwln, seicht daherreden
schäbbern, der Klang beim Anschlagen bzw. Zerschlagen von Glas oder Metall.

Schäbbs, dorr, der Hammel
Schahm, das, die, das Schaben, die Scham, auch die Schaben (Insekten).
Schährm, dorr, der Schirm, auch dä **Schehrm**, Plur., die Scherben.
schährwln, tanzen
Schännie, das, das Genie
schänniern, sich schämen, sich genieren
Scharrlodde, Charlotte
Schärze, die, die Schürze, auch die Scherze, Plur. »Mache geene Schärze mid mier.« Unterlaß den Spaß. oder Das kann doch nicht wahr sein.
Schärznchächer, auch **Scherznjächer**, ä, ein Schürzenjäger, ein Mann der den Frauen nachstellt.
Schässelong, iß, das Liegesofa (fr., von chaise = Stuhl).
schbäder, später
Schbahnscher, auch **Schbahnjer**, dorr, der Spanier
Schbahrchl, dorr, der Spargel
schbiebrich, schmächtig, schwächlich, besonders bei Kindern. »Das iß filleichd ä Schbiebrich.« (ein schwächliches Kind).
Schbiehschl, dorr, auch **Schbiehchl**, der Spiegel
schbiehln, spülen, auch spielen
schbillrich, schmächtig, dünn, unterentwickelt
Schbinnahd, dorr, der Spinat
Schbugge, dä, der Speichel
Schbunnzchorr, der, der Sperling
Schdadd, dä, die Stadt
Schdähbchn, iß, die Zigarette
Schdahdchonn, iß, auch **Schdadionn**, das, das Stadion
Schdährbchn, iß, das Sterben. »Sei Schdährbchn machn.« (sterben).
Schdammbe, änne, eine üble Kneipe. Eigtl. eine Tanzkneipe (von stampfen).
Schdärrne, dä, die Sterne, auch die Stirn
Schdärzl, dorr, auch **Schdurzl**, kurzer Schwanz, Stumpf, Stummel
Schdärzze, dä, die Stürze, der Topfdeckel
schdebbsln, verkorken
Schdebbsl, ä, ein kleiner Junge.
Schdeene, dä, die Steine
Schdeier, dä, Steuer (Finanzabgabe), auch **Schdeier**, das Lenkrad.
Schdennz, ä, (von stoßen,

schlagen, verjagen, stehlen), früher junge Männer, die durch saloppe, modische Kleidung auffielen und auf Tanzsälen das bestimmende Prä hatten und mit Gewalt durchsetzten (Schlägertyp).

Schdiebchn, das, die kleine Stube

Schdielchn, iß, das Stühlchen, der kleine Stiel.

Schdiggchn, ä, ein Stückchen

schding'gsch, auch **schding'gch**, übelriechend, auch schlechte Laune haben. »Iß der widdorr schdingsch heide.« Hat der heute wieder schlechte Laune.«

Schdiwwln, dä, die Stiefeln

Schdolle, dä, sächsisches Weihnachtsgebäck, dorr Schdolln (typ. für Dresden).

Schdoob, dorr, der Staub, syn. für Trinkgeld. »Sich ausm Schdoobe machn.« = verschwinden.

schdoobch, auch **schdoobsch**, staubig

schdoppen, stoppen, z. B. ein Fahrzeug, auch stopfen

schdreechn, lügen, nach Münchhausens Vorbild (s. auch schdreichn)

schdreefch, streifig

schdreihchn, streichen, auch lügen (von dick auftragen, Farbe).

schdreihdn, streiten

schdriffln, aufstreifen der Ärmel oder Strümpfe, (von streifen).

Schdrimmbe, auch **Schdrimmfe**, dä, Plur., die Strümpfe

Schdrohmer, ä, ein Stromer, Landstreicher, (von Strohmeier).

Schdrummbsohln, dä, Plur., ein mit Kartoffeln gebackenes streußelkuchenartiges Gebäck in ovaler Stückform.

schduddiern, studieren

Schduhwe, dä, auch **Schduwwe**, die Stube. »Dä guhde Schduhwe« war früher bei Proletariern das nur zu Festtagen oder manchmal an Sonntagen benutzte Wohnzimmer, da man alltäglich in der Küche wohnte.

schdumm, stumm

Schecheschlowaggei, dä, die Tschecho-Slowakei

scheen, schön

Scheihm, dä, die Scheiben

scheislich, (mhd.), scheußlich, abscheulich, gemein, häß-

lich, grausam, ekelerregend, (von scheuen).
Schelle, die, die Ohrfeige
Schennie, ä, Menschen aller Altersgruppen, die etwas kniffliges (oft sogar unbedeutendes) herausgefunden bzw. gelöst haben. »Das iß filleichd ä Schennie.«
Schgaad, dorr, (ital.), der Skat, ein Kartenspiel zu dritt, das sich seit 1835 aus dem Altenburgischen weithin verbreitet hat, (von scarto, das Ablegen von Karten).
Schibbchn, dä, Plur., die kleinen geschlüpften Hühner, Küken.
Schibbe, die, die Schaufel, auch der zum Weinen verzogene Mund der kleinen Kinder.
schiddscheriehngriehn, gelbgrün (von Citrus)
schiddzn, schützen
Schiebchn, iß, auch **Chiebchn,** das Jübchen, Säuglings- oder Kinderjäckchen.
schiehm, schieben
Schien, dä, die Schienen
schigganiern, schikanieren, jemand bösartig reizen.
Schiggse, die, (jidd.), das Mädchen, Frauenzimmer, auch aufgedonnertes Weib, (von Schickse).
Schiss, der, das Exkrementieren, syn. für Angst. »Er hadde Schiss.«
Schißgoh, ä, ein Angsthase
Schlaaz, ä, der Riß, auch Mensch mit schlechtem Benehmen. »Der Schlaaz had filleichd ä Schlaaz in dorr Hose.«
schlabb, schlaff, weich, entkräftet
Schlammassl, dorr, die Widerwärtigkeit, das Unglück.
schlärfn, schlürfen
schlawwern, schwatzen, z. B. das unaufhörliche Reden kleiner Kinder.
Schlawwiner, der, (österr.), ein gerissener Mensch.
Schleefe, dä, die Schleife
schleidern, schleudern
schleinichst, schleunigst
Schlibbn, dä, die Schlaufen
schmeddern, etwas heftig hinwerfen. Auch Alkohol zu sich nehmen. »Er ging een schmeddern.«
Schmieche, änne, Zollstock, Klappmaß, (von Schmiegen)
Schnadder, die, ein unentwegt schnell redender Mund.

schnaddern, hastig, schnell reden

Schnärrlzch, dorr, (ä. F.), der Sperling

schnärzlich, dem Gaumen zum Wohlgefallen

schneidch, schneide ich, auch schneidig, tapfer, forsch, mutig.

Schnibbsgummi, auch **Schnebbsorr,** schmaler Gummiring zum Befestigen.

Schniebl, dorr, das männliche Glied

schniehbsn, schlafen. Dä Schniehbsgissde, das Bett.

schnuddlich, nachlässig, unsauber, schmierig

schnugglich, zierlich, appetitlich, z. B. weibliche Jugendliche, auch gaumenreizend. »Was schnuggliches essen.«

Schoggelahde, dä, die Schokolade

schooflich, (jidd. von hebr. schöfel, gering, niedrig) hinterhältig, gemein, betrügerisch, auch unfein, geizig, kleinlich in Geldsachen (von Schofel, schlechte Ware).

Schorrnalisd, dorr, der Journalist

schrähsch, auch **schrähch,** schräg

Schrammbammbl, dorr, auch **Schammbambl,** der Gendarm. »Mier schbieln heide Reiworr unn Schrammbammbl.« (Räuber und Gendarm).

schreihm, schreiben

Schrieds, auch **Schdrieds,** Stötteritz, Ortsteil von Leipzig. »In Schdrieds hindorrn Guhd, lichd eene un bluhd. Die flohch off dä Giege. Das war Mellmorsch Riehge.« Leipziger Melodrama, bei dem ein Mädchen namens Rike Melmer auf das Gesicht fiel und sich die Nase verletzte.

Schruhds, dorr, minderwertige Ware, Schund, Abfall. »Dein Schruhds gannsde behalldn.«

schrummblich, zusammengeschrumpft, faltig, z. B. die Haut oder das Obst.

Schuddsmann, der, der Polizist

schuhr'riechln, jemand schikanieren, quälen

Schummerschdinndchn, das, früher die Zeit, in der aus Ersparnisgründen kein Licht angezündet wurde, Zeit der Besinnlichkeit.

schummrich, dämmerig, halbdunkel
Schund, dorr, mangelhafte Ware
Schusserd, der, eine Pflanze, die im Längenwachstum übermäßig zunimmt.
Schussl, änne, eine Schlitterbahn auf dem Eis oder im Schnee, zu deren Benutzung man früher **Holzbanndiehn** sog. **Holzlahdschn** trug.
schusslich, unüberlegt, tolpatschig handeln.
Schusslich, ein ohne Überlegung handelnder Mensch, der seine Bewegungen nicht kontrollieren kann und dabei anstößt bzw. zerstört.
schuwwern, auch **schubbern**, frösteln
schwäbbern, Flüssigkeit verschütten
schwabblich, zitternd sich bewegen, z. B. Pudding.
Schwahm, dä, die Schwaben (süddeutsche, schwäbisch sprechende Bevölkerung), syn. für Küchenschaben (mit Ersteren nicht verwandt).
schwähm, schweben
schwahrdn, besessen lesen
schwärm, schwärmen, für eine schöne Frau, auch die Bienen aus ihrem Behälter.
Schweesbämm, dä, die Schweißfüße
Schwein, das, syn. für Glück. »Da hassde awwer Schwein!«
Schwizzer, dorr, (engl.), der Wollpullover (von Sweater, to sweat, schwitzen).
schwoofn, tanzen
Sebbdemmborr, dorr, der September
Sebbl, dorr, (ä. F.), Bezeichnung für einen kleinen beweglichen aufgeweckten Jungen.
sebbln, rennen, besonders bei kleinen Kindern.
Seebiehbe, dä, die Seeburgstraße in Leipzig. Früher ein berüchtigtes Kneipen- und Hurenviertel. Benannt nach dem Stadtrat Moritz Seeburg (gest. 1851).
seechn, trivial für urinieren.
seefch, auch **seefsch**, seifig
seifzn, seufzen
sellwer, selber
Serwieh, iß, das Service
sibbzn, siebzehn
Siehch, dorr, der Sieg. Aber **Siechduhm**, langes Leiden.
siehme, sieben
siehse, süß. »Ä Däßchn Gaffee mächd ich dring'gn, awwer

siehse musser sinn.« Eine für Sachsen nicht typische Eigenart.

Sießhahn, auch **Sießrasbler, Sießholzrasbler,** dorr, ein Mann, der sich bei Frauen einschmeicheln will.

simmeliern, auch **simmbeliern,** grübeln, nachdenken

singmer, singen wir

sinn, sein, auch sind. »Morr läßds sinn oder nich sinn.« Man läßt es sein oder nicht sein. »Mier sinn alle da!«

siß, es ist. »Siß Feierahmd.«

soggn, laufen. »Na, sogge loos!«

Sonnahmd, dorr, der Sonnabend

Subbe, dä, die Suppe, »Wer sich dä Subbe einbroggt, musse ooch ausläffln.«

Suff, dorr, krankhafter Alkoholkonsum. »Dä Liehwe unn dorr Suff, die reibdn Menschn uff.«

Sunndch, dorr, (ä. F.), der Sonntag

T

(gugge bei D)

U

uff, auch **off,** auf

Uffriehrer, ä, ein Meuterer

uggßch, auch **oggßch,** (wie ein Ochse) wenig einsichtig, nicht nachgebend.

Uhnigumm, das, etwas Einziges, Seltenheit, ein Sonderling, auch ein humorvoller Mensch.

ullgch, komisch, lustig

Ullmer, dorr, (ä. F.), (gebogene) Tabakspfeife

Umbohchn, dorr, der aus Unkenntnis oder Überlegung begangene Umweg.

ummahrm, umarmen

ummänanndorr, (ä. F.), umeinander

ummbiehchn, umbiegen

ummgärrdn, umgürten, z. B. ein Schwert

ummgehrn, umwenden, umkehren

ummgrahm, umgraben

ummgremmbln, umordnen, umerziehn

ummhäng, umhängen

ummhaun, fällen, umschlagen. »Das haud een um!« = Das ist unglaubhaft.

ummriehrn, umrühren
ummschdeichn, umsteigen
ummschdillbn, umstülpen
ummschwährm, umschwärmen, z. B. schöne Frauen.
ummschwärrn, umschwirren, z. B. Insekten die Blüten.
unnahrdch, unartig
unnderenanndorr, untereinander
undergiehdch (ä. F.), Wund, oder geprellt (am Körper)
unnderschreihm, unterschreiben
unndn, unten
unndohrchsichdch, undurchsichtig
unnerhährd, unerhört
unnermiedlich, unermüdlich
unngeschdährd, ungestört
Unngloowe, dorr, der Unglaube
unnmeechlich, unmöglich
unnschdreihdch, unstreitig
unsereener, unsereiner
Uwwerdiere, dä, auch **Owwerdiere**, die Ouvertüre, das musikalische Vorspiel.

V

(gugge bei F unn W)

W

Währchl, auch **Währschl**, das Kleinkind, auch Ausdruck des Mitleids. »Das arme Währschl.« **Währschln**, ein kleines Kind an sich herumbewegen, (von würgen).
währchn, wirken, intensiv arbeiten
Währglichgeed, dä, die Wirklichkeit
Wahrme, änne, eine warme Wurst, Bockwurst.
wahrsch, war es. »Heide wahrsch hees.« = Heute war es heiß.
Währwl, dorr, der Wirbel, die Unruhe
Wähwer, dorr, der Weber
Wämmßche, die, die drückende Wärme (→ Dämmse). »Iß das heide widder änne Wämmßche!«
wammsn, schlagen, auch kräftig zulangen beim Essen.
Wannsd, dorr, der Körper, Leib, auch der Magen, **Wannsdrammln**, Magenschmerzen.
Wännsder, dä, Plur., die ungezogenen Kinder

Wannzche, änne, eine Wanze, Plur. **Wannzchn,** syn. für ein störendes, unruhiges Kind.

wärglich, wirklich

Wärrdse, dä, auch **Wärrze,** die Würze. »In dorr Gärrze lichd dä dä Wärrze.« In der Kürze liegt die Würze. Auch: wird sie.

Wärrschdchn, dä, Plur., die Würstchen, auch für einen unvollkommenen, schwächlichen Menschen. »Das arme Wärrchdchn.«

weesgnebbchn, tatsächlich

wehdln, wedeln, syn. für wehen, z. B. der Wind. »Das wehdld aworr heide!« Heute weht ein starker Wind.

wehnch'dns, auch **wenichsdns,** wenigstens

Weibsbild, das, im positiven, wie negativen Sinn für Weib gebräuchlich.

Weibsn, das, das Weib (im abwertenden Sinn).

wennde, wenn Du. »Wennde dengsd dä hassdn, hubbdorr ausn Gassdn.« Wenn Du denkst, Du hast es geschafft, stellst Du fest, daß es doch mißlungen ist. (Textbeginn zu einer Polka.)

widder, wieder

wie währsch, wie wär es

Wiggn, die, die Wicken. »In dä Wiggn gehn.« = verunglücken, verloren gehen.

Wiggs, dorr, die Galatracht, Sonntagskleidung

wiggs'ch währn, ärgerlich werden, mit heftiger Gegenreaktion im Gespräch.

wiggsn, bürsten, besonders die Schuhe. Auch das Anlegen der Haare mit der Bürste bei Männern. »Ä gewiggsder Scheidl.«

wimmern, kläglich jammern

winnzch, winzig

wollmorr, wollen wir.

wollnsä, wollen Sie

Worrschd, dä, die Wurst. »Mier iß alles Worrschd.« = Mir ist alles egal.

Worrzn, Wurzen, Stadt bei Leipzig. »Fohr Worrzn worrzn schlächd, hinter Worrzn worrzn widder besser.« (bezogen auf das ehemalige holprige Kopfsteinpflaster auf dem Crostigall, der Durchgangstraße Leipzig–Dresden.

wubbdich, schnell mit Schwung

wuhdch, auch **wuhdsch,** wütend. »Ich gennde gleiwuhdch währn!« Ich könnte gleich in Wut geraten.

Wunnderdiehr, das, ein Mensch, der Wunder vollbringt, schier das unmögliche leistet.

wurschdln, ein Kleinkind herzlich in den Armen hin und her bewegen, auch die Arbeit nachlässig verrichten.

Z

Zäbbchn, das, das Zöpfchen, auch Zäpfchen

Zabblich, der, ein unruhiges Kind

zabbln, auch zawwln, **zappeln**

zabbnduhsder, dunkel, auch ohne Aussicht, auch geistiger Mangel. »Da isses zappnduhsder.« Da gibt es keine Aussicht (Hoffnung) mehr.

zaggch, vornehm, (militärisch) schneidig, korrekt (z. B. in der Kleidung). »Der had filleichd änn außerordendlich zaggchn Scheidl.« Anerkennung für einen akkurat gezogenen Scheitel.

Zagge, dä, die Spitze. »Brich dorr geene Zagge aus dorr Grohne!«

zäggn, necken, jemand reizen, ärgern.

zahchhaft, zaghaft

Zähne, dä, die Zähne, auch zehn

Zährguß, dorr, der Zirkus

zorrgniedchn, zerknittern (von knautschen).

zärrich, zähe, z. B. das Fleisch. Bei Kindern im Sinn von nörglich.

zärrn, ziehen, (Luftzug), auch »Das zerrd filleichd!« Es schmerzt, tut weh.

Zärrwannsd, dorr, die Ziehharmonika, das Akkordeon.

Zechei, dä, die Tschechei, auch **Schechei**

zeggahr, sogar

Zegge, die, Fangspiel der Kinder mit Abschlag, Hasche. Auch ein in die Haut dringendes Insekt (Zecke).

zeggn, zanken, necken

zeihdch, zeitig

Zendemehder, der Zentimeter

zesammlebbern, allmählich anhäufen

zesammsaggn, einknicken (in den Knien), zusammenbrechen, einstürzen.

ziehdschn, auch **zuhdschn,** an

etwas saugen, der Säugling an der Mutterbrust, und Trinken mit dem Strohhalm.

Ziehe, dä, (ä. F.), die Pflege (von erziehen). »In Ziehe gähm.« Ein Kind einer anderen fremden Person oder Familie für längere Zeit gegen Bezahlung in Pflege geben, damit die Mutter einem Erwerb nachgehen kann.

Zienigger, dorr, der Zyniker

Zigge, die, auch **Ziehche**, die Ziege, auch Schimpfwort für alberne weibliche Person.

Zimmdzigge, änne, Schimpfwort für weibliche Person mit albernem Getue. (Zimmt syn. für wertloses Zeug, Ziege syn. für komisches Gebaren.)

Zing'gn, dorr, die Nase (meist für unförmige).

Zinndcher, dä, die Zündhölzer

Zinndiedchn, dä, (ä. F.), streifenförmige Zündblättchen in Rollen.

Zobb, dorr, der Zopf

Zoddln, dä, die ungepflegten Haare.

Zohdn, dä, unanständige Witze

zorrlahdschn, zertreten

zorrmährn, etwas kaputt machen

zorrubbn, auch **zerrubbn**, zerreißen, auch im Sinn von Überarbeiten. »Ich gann mich doch nich zorrubbn!«

zorrwammsn, zerschlagen

zuggln, langsam (auf holprigem Weg) dahinfahren.

zwanzch, zwanzig

Zwärrn, dorr, der Zwirn, aber »das zwärrnd«. Es schmerzt (von zwirnen).

zweehe, zwei

zwiddschern, zwitschern, z. B. die Vögel, auch »een zwiddschern«, Alkoholische Getränke trinken.

zwiggn, kneifen, eine Fahrkarte lochen.

zwing'gorn, mit den Augen blinzeln

zwischndrinne, dazwischen, in der Mitte

Zwiwwlborrne, Borna, Stadt im Süden von Leipzig, Zwiebelanbaugebiet.

Zwiwwln, dä, Plur., die Zwiebeln, beachte: »Iß zwiwwld.« Es schmerzt, brennender Schmerz, elektr. Schlag. »Mensch, das had filleichd gezwiwwld!«

Unn nun noch ä baar Beischbiehle vom Autor und anderen sächsischen Autoren:

Kurt Gerhard Franke
Mier hamm nä neie Wohnung

Gommd mah forrbei, mier hamm nä neie Wohnung,
midd enn Ballgong, ach iß der groß unn scheen.
Unn änne Aussichd! Ginndorr siß zum Biebm.
Mier brauchn garnich mehr schbazziern ze gehn.

Mier sähn ganz Leibzch, iß Rahdhaus unn dä Esse*
Dn Schlachdhof unn dä Deidsche Biecherei,
dä russ'sche Gährche, dann dä Großmargdhalle,
unn forrne guggmorr inn dä Gärrdn nei.

Änn Gorredohr midd Bladdz zum Dannzforrgniechn,
unn ooch mei Arweidszimmer das iß gahrgee Schund;
ach änne sieße Giche midd fier bundn Wändn,
dä Lammbe weißgedubbfd off rohdn Grund.

Das Zimmer, wo mier nachds dann drinne schlafn,
das hadd Gardien, die sinn so duffdch unn scheen.
Da dengd morr unnwillgierlich an dä Wollgn,
die weiß unn zahrd am blauen Himmel schdehn.

* Der ehemals größte Schornstein der Welt (154 m) vom Heizkraftwerk Nord, fertiggestellt Nov. 1929

Das andre Zimmer – hier heeßds guhde Schduhwe –
midd änner großn Fliechldiere drinn,
da gannmorr dorchgehn, haddmorr das Bedärfnis,
wenn nich, na guhd, da läßdmorrsch ähbm sinn.

Unn ooch mei Mädchen hadd nä hibbsche Gammorr.
Nich zu forrgessn iß das Bad midd Gloh.
Da schbieln mier alles ooch den Ärcher nunndorr.
Mier sinn ganz äbblich, ach mier frein uns so.

Gommd mah forrbei, mier hamm nä neie Wohnung.
Es lohnd sich schohn, inn dieser mah zä schdehn.
Bringd was zä Dring'gn midd, mier hamm jeddz geene
Fiehl liewe Grieße, unn Aufwiedersähn. [Mäbbse!

Autor unbekannt
Der Gummibaum

Das is nu eemal so im Läben:
E' jeder hat sei' Steckenfärd
Und wohl ihm, wenn ihm was gegäben
Was er kann halten lieb und währd.
Mei' Steckenfärd is ganz was Feines
Wenn ich eich's sage, gloobt ihr'sch kaum
Es is in eenem weißen Doppe
E' wunderscheener Gummibaum!

Ich will ja g'rade nich behaupten
Daß das was ganz Besond'res is
Denn so e' Beemchen hat wohl äben
Ooch mancher andre noch gewiß; –
Doch da gibt's weiter kee' Gefiepe:
In meinem Herzen hat nur Raum
In seinem scheenen weißen Doppe
Mei' alter guder Gummibaum!

Der eene hält sich Färd und Wagen
Der andre hält sich en' Wauwau
Ja mancher dreibt den Luxus weider
Und hält sich sogar eene Frau.
– Mei' Gott! wie bin ich da geniegsam
Denn meines Läbens scheenster Draum
Das is in seinem weißen Doppe
Mei' alter guder Gummibaum!

'Is zu scheen, so n' Gummibeemchen
Das riecht sie nämlich weider nich' –
Denn von den sogenannden Difden
Kriecht man bloß Koppweh färchderlich!
Man hat och nich' egal zu bflicken
Wie bei den Kärschen oder Bflaum' –
Bescheiden wächst in seinem Debbchen
Mei' alter guder Gummibaum!

Wenn ich ihm frieh sei Wasser gäbe
Da stimmt es mich so weech und mild
Ich seh' in meinem Gummibeemchen
So recht mei' eegnes Äbenbild:
Ich bliehe nich' trag' keene Frichte
Und das ich dufte, gloob' ich kaum
Ganz wie in seinem weißen Debbchen
Mei' alter guder Gummibaum!

Ihr sagt vielleicht: nu' so e' Unsinn
Von wegen so en' Gummiding
So ledern, steif und ohne Anmut
Da macht' der so en Dinglingling!
Na macht nur weider keene Mährde –
– of Hochdeitsch heeßt das: Dunst und Schaum:
Das Scheenste bleibt of dieser Ärde
Im weißen Dopp n' Gummibaum!

Edwin Bormann (1851–1912)
Altes Essig-Lied

Es gibbt ä Sprichwort dief dorchdacht
Un wahr zu allen Zeiden
Daß nämlich »Sauer lustig macht«
Denn wer will das bestreiten?
Drum is der bravste Mann in Land
Von je der Essig-Fawrigant;
Bei ihm beziehn de Leide
Gleich liderweis de Freide.

Daß Noah uns den Wein erfand
Dut laut mer ringks verginden;
Ach, warum blieb uns uhnbegannt
Der'n Essig dat erfinden?!
Die Lust, die uns der Wein erzeigt
Is eene, die ze Gobbe steigt:
Des Essig's Lust, ihr Brieder
Is bill'ger un solider.

»Siebboden«, »Drehkreiz«, »Hewefaß«
Eich preis' ich drum vor allen
Un weeß noch eener sonst wo was
Mir lassen's uns gefallen.
Doch wer »Essenzen« destilliert
Der wurde von uns nich estimiert;
De Kunst, die hammer gerne
Den Essig bleib' se ferne!

Un will sich mal der Essig-Mann
Erhol'n von Arweitsplagen
Dann gukt er sich de Landkart' an
Un sucht än Platz zum »Dagen«
Es weehlt dann merschtendeels allsdann
Än Ort im Lande aus, der Mann,
Dorch den verschmitzderweise
De Elster fließt un Pleiße.

Denn hier, das weeß er, hier gedeiht
Die essighaft-grandiose
Trinkbare Zauwerflissigkeit
so sich benamset »Gose«.
Un jedermann hat »Spiridus«
Den er nich erscht versteiern muß;
Hier spiert mer'sch an der Quelle
De Sachsen, die sein helle!

Drum laßt denn laut dorchs ganse Land
De Fifat-Worde schwewen:
Der brave Essig-Fawrigant
Soll bliehn, gedeihn un lewen!
Es lächle, wie sich das gebiehrt
Ihm, der das Leb'n mit Lust verziert
Das Glicke unablässig
Un nischt werd' ihm zu Essig!

Fritz Hampel-Slang (1895–1932)
Beim Amtsgericht

Ein Amtsgericht, ein Schreiber, zwei Rechtsanwälte, ein Zivilist

1. Szene

Der Zivilist: Bardong, Herr Amdsrichdr, ich gomme in dähr Sache Freidaach gejn Sonnahmd . . .
Der Richter: Unn wer sinn Sie?
Der Zivilist: Ich bin Herr Sonnahmd.
Der Richter (leutselig): Nu, wenn sie Herr Sonnahmd sinn, da gommse schäds noch nich dran. Heide is ärschd Donnerschdaach.
Der Zivilist lächelte verlegen.
Der Richter: Ich will Sie ma was saachen. Genn Sie gud sehn?
Der Zivilist: Cha. Ich war friehr ma Drischihnbeschaur.
Der Richter: Das issje baddänd. Drischihnbeschauer warnse also? For Schweine?
Der Zivilist: Nee, bloß for Drischihn.
Der Richter: Gwasslnse nich so garrierd. Sähnse dord diehm die Bangg?
Der Zivilist: Bangg? Ach so, Sie meen die Bangg? Chawohl, die sähj.
Der Richter (breit): Na, da gehnse ma hin zu dähr Bangg unn sädsnse sich druff unn wardnse bisse dran gomm. Sie sinn doch ärschd for um neine beschdälld?
Der Zivilist: Chawoll, awwr . . .
Der Richter: Unn schäds issis ärschd um älfe.

2. Szene

Die beiden Rechtsanwälte treten laut schwatzend ins Zimmer, setzen sich einander gegenüber an den Tisch und beginnen – ohne auf den Richter zu achten – ihre Verhandlung.

1. Rechtsanwalt: Sähnse, Herr Kolleje, mei Gliändd willje bezahln. 'r machd je allis Unmejliche, awwr wennr gedrängld wärd, da boggdr. Da baggdn de Wuhd, unn nachähr baggdr garnischd mähr aus, dadriewr missnse sich in Glahrn sinn.

2. Rechtsanwalt: Was heeßd drängln. Mir wolln weidr nischd, als was mr ze verlang hamm, das is de ganse Sohße.

1. Rechtsanwalt: 'n gudn Willn hadr, das is geine Fraache. 'r haddje ooch schon zwansj Margg bezahld, unn wennse halwäje ä bißjn Lufd lassn . . .

2. Rechtsanwalt: Meinswäjn gämmrje noch ma änn nein Därmin ansädsn. Awwr lange wardj nich mehr.

1. Rechtsanwalt: Saach mr also so in vhier bis fimf Wochn?

2. Rechtsanwalt: Ausgeschlossen. Das is ze lange. Vhärzn Daache heechsdns.

1. Rechtsanwalt: Saach mr also drei Wochn. Sis muß ähm ä scheedis änn Flogg zudriggn.

2. Rechtsanwalt: Drei Wochn? (Er blättert in seinem Terminkalender.) Da hammse Schwein. Das wäre am fuffzähndn? Da hammse wärglij Schwein.

Der Richter (zart): Also da wollmer heide noch geine Endscheidung dräffn, dähmnach?

Die Rechtsanwälte (im Gehen): Sie hamms doch gehärd. Die Angelejnheid is bis zum fuffzähnden vrdaachd.

Der Richter (sehr zart): Unn da dänggnse, meine Herrn, daß mr am fuffzähndn vrleich zu eenr deefinidiefn Ennscheidung gomm wärn?

(Die Rechtsanwälte verlassen laut schwatzend das Zimmer.)

3. Szene

Der Zivilist: Bardong, Herr Amdsrichdr, ich gomme in dähr Sache Freidaach gejn Sonnahmd.
Der Richter (abwesend): Herr Freidaach warn Sie nich?
Der Zivilist: Nee. Ich bin Herr Sonnahmd.
Der Richter: Wo hammse denn ihrn Bardner?
Der Zivilist: Als wie Freidaachn? Ich weeß nich, wo dähr is.
Der Richter (zum Schreiber): Da heerd doch verschiedenes uff. Gommd dähr Mann hierhär unn hadd nich ä ma seine Gejnbardei middgebrachd! (Zum Zivilisten): 's dud mir leid, Herr Sonnahmd, awwr da gämmr heide gein Geschäfd machn middänandr! Wo gein Gläjr is, da is ooch gein Richdr.

Lene Voigt (1891–1962)

Mein Leibzch, de scheene Lindenschdadt

Schon unsre Dichterfärschten briesen
De scheene Schdadt am Bleißeschtrand,
Wo um de Bromenade schbrießn
De Linden wie 'ne Griene Wand.

An Sommerahmden, wenn de Blieten
so milde duften un so sieß,
Will geener gern sei Schtiebchen hieten,
Mit Macht lockt's Lindenbaradies.

Da ziehn mir Leibzcher dann so gerne
Rings um de Bromenade rum.
Durch Bläddderdächer illern Schterne
Un grießen freindlich's Bubligum.

De Ginstler unter uns behorchen
De Seiseldeene aus'n Boom.
In mancher Linde liecht verborchen
Ä neies Dema. (Wollnse's gloom).

Ich gannte mal ä Gombonisten,
Där dankte eener ä Motiv.
Wenn das de andern Linden wißten,
Se guckten wohl ä häbbchen schief.

Lene Voigt
Vor ä Leibzcher Bäckerladen

Wenn'ch vor ä Leibzcher Bäckerladen schtehe
un in dr Hand vergniecht zwee Groschen drehe,
Dann is de Wahl oft wärklich gar nich leicht,
Weil so ä Fenster zu viel Scheenes zeicht.

Da locken een de Guchen aller Sorten.
Ganz vorne liechen marzibanche Dorten.
Windbeitel, Sahnerolln lächeln wie ä Märchen.
Verdraulich zwinkern echte Leibzcher Lärchen.

De Gußzwiebäcke glänzen in dr Sonne.
Mohrngebbe funkeln – 's wärd een schwarz vor Wonne.
Fangguchen, gleene un ooch riesichgroße,
Hamm drinnewendch ä Glecks von Abrigose.

De Schblitterhernchen un de Schweinsohrn winken.
Mer mechte in ä Geegsbärch gleich versinken.
De Schillerlocken ringeln sich wie Nattern.
Grähmschnittchen genn een gradezu verdattern.

Quarkguchen, hochberiehmt im ganzen Lande,
Is mit Rosin' geschbickt bis hin zum Rande.
Schbeckguchen, warm gegessen änne Labe,
Wär liebt dich nich, du fettche Wonnegabe!

Un ooch de Schtrumbsohln wollmer nich verachten,
Die uns voll Grumbeln durch de Gindheet lachten.
Im Härbste warnse gar mit Flaum geschmickt,
Da hammer oft gleich sechse glatt verdrickt.

Doch abgesehn von all dän Zuckersachen
Is ooch mit Breetchen hier schon Schtaat zu machen.
Mohnzebbchen, Gimmelbreetchen – schon där Name
Begeistert selbst de feinste Leibzcher Dame.

Na gucke an: Was bammelt da am Fädchen?
Schaumbräzeln sinds, dr Draum dr gleensten Mädchen.
Doch jetz will'ch endlich rein in Laden loofen
Un mir zwee saftche Abbeldaschen goofen.

Lene Voigt

Fimfunddreißich Grad im Schatten

Mir sitzen uff'ner Bank un sin ganz schlabb.
De Hitze nimmt ooch nich ä häbbchen ab.
Drum deesmer alle viere vor uns hin,
Im Gobbe hammer scheinbar nischt mähr drin.

Gee eenzcher macht sein Mund zum Reden uff.
Wozu denn ooch? Denn 's härt ja geener druff.
So sitzen mir nu schon seit heite frieh
Un fiehln uns ausgeleiert wie noch nie.

Jetz ähm gommt änne schicke Frau vorbei.
Där ihr gebliemtes Gleed is noch ganz nei.
Ob dähr ihr Mann so scheen fier die wohl sorcht?
(Doch 's gann ooch sin, se hat sich's bloß geborcht.)

Lene Voigt
De gescheite Oma

Meine Oma, die is schlau,
Änne ganz badände Frau.
Immer weeße guten Rat,
Was ihr's Lähm ooch andun dat.

Neilich schliefse nich mähr scheen.
»Das gann nich so weitergehn«,
Hatse da bei sich gedacht,
»Wozu hammer denn de Nacht?«

Nächsten Ahmd schon band se sich
Um de Oochen schauerlich
Änne schwarze Binde fest,
Die geen Lichtschtrahl dran gomm läßt.

Un in ihre beeden Ohrn
Datse Gummischtickchen bohrn.
Selwer ä Ganonenschuß
Macht jetz Oman geen Verdruß.

Un dann schliefse wunderbar . . .
(Nu das war doch ooch ganz glar.)

Ernst von Wolzogen (1855–1934)
Unsere lieben Sachsen

Die merschten Deitschen sin aus Sachsen.
Das merkt der Mensch uf Reisen schnell:
Aus Chemnitz, wo de Strimpe wachsen
Aus Dresden, wo se hellisch hell
Aus Leipzig, wo se egal drucken –
Der Sachse kriegt den Kram nicht satt
Und alles muß er sich begucken
Was uf der Welt zwee Sternchen hat.

Wenn du ein stilles Blätzchen fandest
Sei's deiner Heimat fern, sei's nah
Wenn du bei den Lofoten landest –
E Sachse is gewiß schon da
Wenn dich die heechsten Gipfel grießen
Zieht es dich in die Wieste hin;
Liegt dir e Paradies zu Fießen,
E Sachse liegt schon mitten drin.

Der Sachse läbt uf Reisen billig:
Zwee deilen sich in die Bortion.
Wenn mer zufrieden is und willig
Nu ja, nu ne, da geht's ooch schon.
Dem, der e Sachse von Gebliet is
Das Läben doppelt freindlich winkt
Weil er boetisch von Gemiet is
Und nich so starken Gaffee drinkt.

Der Sachse, der is unersetzlich
Als Bannerträger der Gultur.
Nur wirkt er oft merkwärdig bletzlich
In der umgäbenden Nadur.
Er is von Wißbegier geladen
Und hat für's Keische keenen Sinn –
Schwärmst du von heimlichen Gestaden
Brillt er: »Da mach'n mer ooch noch hin!«

Drum, wackrer Deitscher, sei nur friedlich
Und bänd'ge deinen Schimpfinstinkt;
De Welt is ieberall gemietlich
So weit de sächs'sche Zunge glingt.
Der Sachse, der dut nischt zerdeppern
Für den bleibt stets die Hoffnung stehn:
»Es wärd sich schon zusammenläppern;
Nu ja, das Läben is doch scheen!«

[gekürzt]

Robert Zimmermann
(Daten unbekannt)

Mei Bedde

Das liebsde Meebelschdicke, was ich hawe,
Das is mei gudes, weeches Bedde:
Erdräglich wäre gaum das Leben,
Wenn ich das dreie Ding nich hädde.

Schdeh abends ich davor vom Dagwerk miede
Im Nachdhemd mid de Filzbariser:
Gee Oogenblick am ganzen Dage
Is mr so lieb un wert wie dieser.

Dann schlenk'r ich die Laadschen von den Fießen
Un grieche under's Deckbedd nunder
Un denke: »Weld un Menschen rudschd mr
Bis morchen frieh den Buckel runder!«

Robert Zimmermann

Middahchsschläfchen

Da liehch' ich uff'm Sofa nun
Unn dengk' e Niggerchen ze dhun:
Jedoch mid des Geschigges Mächden,
Da iss gä ew'jer Bund zu flechden! –
Das had der Schiller schon gesahchd,
Der hadde rechd! Godd sei's geglahchd! –

Gaum hab 'ch de Oogen zugedhan
Fängsd 's Deelefon zu glingeln ahn!
Ich hubbe hinn. Unn was iss los?
Main Fraind, der Lehmann iss's bloss,
Der, ausgerechend jetzt – zu bleede! –
Frahchd ob 'ch zum Sgaad haid gommen dhäde!

Gaum hab 'ch mich widder hihngelehchd,
Gommd maine Gaddin raingefehchd!
Erschroggen fahr 'ch in die Heeh:
Se suchd nach ihrem Bordmonnee!
Nadierlich findses närjends nich,
Nu fidzd se rum ganz färchderlich,
unn schliesslich brilld se mich noch ahn:
»Du hasd 's doch sicher wechgedhan!« –
Im Handumdrehen gibd 's nu Grach,
Dann sausd se ford – unn ich –– bin wach!

Zum driddenmal versuch ich's nun
De mieden Oogen zuzudhun:
Da brilld de gläne Anneliese
Im Nebenzimmer wie an Schbiesse! –
Ich fehchde niwwer angsdzerrissen:
Sain Bibbchen had das Gind zerschmissen!
Ich schbend 'm Droosd in sainer Gwahl,
Dann hau 'ch mich hihn zum vierdenmal! –

Da – schlächd de Uhr – 's iss halwer drai!
Unn mid 'm Schlafen iss 's vorbai! –

Kurt Gerhard Franke

Das leddzde Worrd an änn Mannusgribbd

Jeddz bin ich ferrdch,
ach, wahr das ä Gemähre.
Bis in dä Nachd
sahs ich am Schreibdisch fein,
unn manchmah floß miers richdich aus dorr Fehdorr,
unn manchmah schlief ich suggzesiefe ein.
Gee Sonndahch unn
gee Wochndahchsforgniechn.
Dä Freinde schimmbn,
denn dehn fähld dorr Schgahd.
Unn ooch mei Weibchn,
dazu meine Dochdorr,
wahrn die gedulldch,
ach ja,
die sinn off Drahd.
Da lichds fohr mier,
woran ich lange währchde.
Filleichd guggd schbähdorr
manchmah jemand rein,
um das, was ich gegaud habb
zu forrdauen:
Bong Abbediehd!
das wärrde mich schon frein.
ich dangge allen
fier dä Andeilnahme,
ooch wenn sä dachdn:
Hadd der nich änn Digg?
Jeddz lehchich gleich
dä gliehnde Fehdorr nieder,
unn mache Bladdz
fier die Madamm »Griddigg«.

Kurt Gerhard Franke

Wie morr änne Baddrie offlähd

Ich bin jedds so miede
unn gehe inns Bedde.
Dä Fehdorrn die halldn dä Gedang'gn scheen warm.
Ich schließe dä Guggchn,
fang bald an zä schnarchn. –
Ich lieche so gerne middn Gobb offm Arm.

Das Gobbgissn grichd noch zefohr schnell ä Gungs,
damidds wie ä Brämmsgloddz lichd unndorr dem Haubd.
Das Bedde mit Fehdorrn (mei eichnes Sißdehm)
wärrd zwischn dä Beene
fonn mier noch geschraubd.

So schlafe ich friedlich,
fomm Dunggl umschbield.
Mei Gewissn off Schdrimmbm leifd mier dorch dä Brußd.
Dann sammld alleene dorr Aggumulladohr
forrn gommenden Dahch
frische Gräffde unn Lussd.

1962

Kurt Gerhard Franke

Mah ä Worrd unndorr uns!

Uns Saggsn sahchd morr nach, daß mier gemiedlich sinn. Na ja, da iß doch eechndlich was drann. Ihr hädd eich mah unnsre Rewweludzchion anguggn missn, die mier in Leibzch im Oggdohwer 89 gemachd hamm. Da gahm ä Demmbramendd off. Da hamm mier mah gemergd, wie schmahl unnsre Schdrahsn sinn. Dä Leide ging garnich alle nein. Dausnde rammldn dohrch dä Innschdadd. Dehmo hieß das. Na, unn geschdriddn worrde. Was sich da alles ereichnd had, weil dä Regierung uns färrzch Jahre forrgohld unn bedrohchn had. Das gehd off gehne Guhhaud. Geener wollde denn Zährguß mehr middmachn. Ä Haufm Leide hamm glei dä Migge gemachd. Die sinn iwworr dä Schecheschlowagei unn Ungarn inn den andorrn Deil unnsrorr Heimad gemachd. Dorrd wohn die, die ä »D« hinndn am Audo hamm. Anfangs freidn sä sich driem alle iwwor die Angämmlinge. Allmählich wärrdsn awworr ooch zä viel. Na ja, wie solln denn die alle undorrgebracht währn. Ehns forrschdehch awworr nich, wämmorr änne Rewweludzchion machd, da will morr doch was forrändorrn. Wie gammor denn das, wännse alle abhaun. Guggd eich mah unnsre Gehgsbuhdn von Heisern an. Wenn ehnorr nießt, fliehchd das Gelumbe zäsamm. Na ja, die Neibaudn halldn wehnichsdns so lange, bis dä Innschdadd resdoriert iß.

Danach missdn awworr schnellsdns unnsre Schweizorr-Gähse-Schdrahsn dranngomm. Das sinn die midd dähn großn Lächorrn. Unnsre Audofahrer sinn ja richdche Arrdissdn. Mah ä bisschn nach lings, mah ä bisschn nach rechds. Unn wenns dann unndorrn Hindorrn »Bumms« gemachd hat, dann haddmorr das Loch doch erwischd. Was mehndorr wie guhd das dänn Schassieh duhd.

Änne große Sohrche machd uns der Dregg aus dorr Lufd. Wer geene Garrahsche had, muß sein Schrummfmerzedes off dorr Schraße schdehn lassn. Haddmorrn grade gebuzzd, gammorr am nächsdn Mohrchn sehn, wie'orr widdorr frisch bannierd iß. Wie ä Hammborcher Schniddzl.

Unnsorr Drabbi had innwenndch änne blang'ge Schdelle. Dorrd schdreichln mier dehn immorr, weil mier Middgefiehl hamm. Mier wundorrn uns jedn Dahch, wie där das aushälld unn droddsdehm wie brahforr Zährgussgaul sei Rennorrchn machd. Dorr Laddeinorr sahchd da »patientia vincit omnia«. Das heesd off Säggs'sch: Mit Geduld unn Schbugge gannsde alles besiechn.

Ehchndlich missn mier uns selworr besiechn. Damidd mier dä Ohrn schdeif halldn, um alles scheen in Griff zä griechn. Unnsre Brieder unn Schwesdern hinndorr dorr offm Grenze guggn nuh ooch mid ehn Ooche. Was währnse denn machn? Mier gänn eich das sahchn. Mier währn widdorr richdche orrdndliche Saggsn mid änner nein Fahne. Da unsre Rewweludzchin unnubluhdch forrloofn iß brauchn mier gee Rohd mehr. Dä säggs'schn Fahrm wahrn schonn immorr weiß-grien. Weiß iß dä Unschuld unn Grien iß dä Hoffnung.

1990

Kurt Gerhard Franke
Änne gleene Schbrahchschulung

Meine sehr forrährdn Dahm unn Herrn!

Wennsä nach Leibzch zorr Messe gomm, da isses guhd, wennse ehne odorr mehrere Fremdschbrachn beherrschn. Das iß wichdch forrs Geschäft, bei dorr Forrhandlung mid Ausländorrn. Awworr forr dä Gonndaggde mid dorr Befällgorrung isses rahdsahm, sich mid dehm Wohlglang eines geflächdn Ehdlsäggs'sch begannd zä machn. Da gommse bei ännorr hochgwallefezierdn Messemuddi guhd an, sohfern sä dähr ihre Gonnwersahdzchon ohne Riggfrahchn glei forrschdehn.

Mier scheuen geine Miehe unn Gossdn, Ihn' dähn dinnahmischn Leibzchorr gesellschaffdsfähschn Umgangsdohn unngommblezierd beizäbring'. Ä bisschn andorrsch iß das, wännse inn änn Leibzchorr Nohwlhoddel wohn'. Da sahchdmorr zum Beischbiel nicht »nee«, sonndorrn in Forrbinndung mid ännorr fohrnähm Forrbeichung: »S' duhdmorr leid, mei(n) Herr (bzw. meine Dahme), das zä wissn, liechd nich im Bereich dähr mir zorr Ferrfiechung schdehenden Meechlichgeiden.« Dafiehr bezahln sä awwor glei ä baar Mahrg mähr – inn harrdorr Währung. Nuh lernsä mah fleißch! Am bessdn, wennsä im Bedde liechn, sich dä Leggdzchon forr dä Nase halldn unn dorrbei leise forr sich hinnbahbln. Dazu werd Ihn' der Grundsaddz emmfohln: »Das Lerrn, das machd Forrgniechn, wennsis schnell inn Gobb nei griechn.«

1. *Leggdzchon: Wie morr sich anreed' unn begrießd*

Dorr Mohrchngruß: Moin, Mohrchn odorr Guddn Mohrchn.
Dorr Gruß am Dahche: Dahch, Guddndahch, Scheen Guddndahch.
Dä Forrabschiedung: Dschiß odorr Schiß (von addchee. Das gommd ausn Franzees'schn unn heesd Lähwewohl). Ganns feine Bing'gls sahchn soggahr Aufwiedorrsähn odorr Wiedorrsähn, andre widdor Machs guhd!
Dorr Middachsgruß: Mahlzeid (Das »H« had dorrbei änn wichdchn Dähnungseffeggd.
Dorr Ahmdgruß: N'ahmd odorr Guddn'nahmd. Besonndorrs heefliche sahchn Scheen Guddn'nahmd.
Dorr Nachdgruß: Nachd, Guddenachd, Guddn'nachd.
Dä Annrehde: Meine Dahme, Mei(n) Herr, Mei Guhdsdorr, Mei Ginndchn, Meine Gleene, mei Grohsorr, Mei Chunge*, Mei Mähdchn, Diggorr.
(Dä Auswahl häßlichorr Annrehdn iß gollesahl vielfälldchorr, drum laßmorrsche glei wegg.)

2. *Leggdzchon: Dorr menschliche Gährborr*

Dorr Gobb heesd: Nischl, Bärrne, Riewe, Dunnsdgiehwe, Färrns'sche, Gährbs odorr Gährwiß, Bähnorrd.
Dorr Mund: Gusche, Fuddorrluhge, Glabbe, Lawwe, Dreggschleidorr, Schnuhde, Sießes Minndchn, Wehrbahlgannohne.
Dä Oochn: Guggchn, Näbbe, Schdieloochn.
Dä Ohrn: Läffl, Schalldrichdorr.
Dä Nase: Riechgollm, Zing'gn, Riechorr.

* Chunge. Hier wärrd das »ch« wie bei Weich geschbrochn. Browiernses mah! Ä »J« an dehr Schdelle bringd das unnbeschdimmde Fierworrd in den Bereich des Hochdeidschn.

Dä Hände: Baddsch'schn (bei gleen Ginndorrn), Greiforr, Brang'gn, Foodn.
Dä Beene: Schdänndorr, Haggsn.
Dä Fieße: Gneworrzchn, Gwadrahdlahdschn, Schweeß-bämm.

3. Leggdzchon: Ressdorrang-Schbeisn unn Gedräng'ge

Dä Logalledädn: Gneibe, Gassdschduhwe (auch -schduwwe), Gaffee (womorr sich neiseddzd, nich dehnmorr dringd), Scheng'ge.
Iß Dring'gn: een neddschln, een schwebborrn, een gimmln, biedschn.
Gedräng'ge: Gonnchagg odorr Gonnjagg, Liggähr, Gimml, Gaffee, Lohrge (schlechdorr, dinnorr Gaffee), Blämmbe (dinnes, geschmaggloses Gedräng'g odorr Subbe), ä Schählchn Heesn (änne Dasse heesorr Gaffee), Bliemchn-gaffee (dinorr Gaffee, weil morr offm Dassngrund das gemalde Bliemchn sah, ooch Malzgaffee).
Dä Schbeisn: Ährborrn odorr Ähborrn (Gardoffln), Breedchn, änne Bämme (änne Scheiwe Brohd), ä Rungsn (änne digge Scheiwe Brohd), Leibzchorr Lährchn (ä Gebägg mid Marrzebahn drinne), Gwahrggeilchn odorr Gähsegeilchn (ä Feddgebäck mid Mehl unn Gwahrg), änne Schdrummb-sohle (ä gleenis* Gebäggschdigg mid Schdreisln droff), ä Feddzn (ä großes Schdigge Fleesch), Biebm unn Flegge (Warmgerichd mid Galldaun), dä Diddsche (Sohse), ä Gnechlchn (ä gleenorr Gnochn), Gommbodd, Gärrschn, Ährdbährn, Abblmuhs, Blinnsn (Eierguhchn), Radies'chn, Märreddsch, Gollrahwie, Mährn, Bluhmgohl, Schbahrchl, Rohderiem, griener Sallad.

* Das »i« bei gleenis wärd ganz gorrz geschbrochn, halb forrschluggd. Fiel Schbahs zorr Messe!

Wennsä was Besonndres essn wolln, forrlangse was Schnärbliches.
Dä Bedienung: dor Ohworr, iß Frollein, dorr Biwwidcheh.
Beschwerde unn Bezahln: Gäddschn (miehsames Gaun von zäh'n Fleesch), leddsch (ungewärrzd, fahde, schahl), ähgs (wenn was ehglich iß), Mebbse (iß Geld), dorr Schdoob (Dring'geld), s'schdimmd (wennsä bei guhdorr Bedienung änne runde Summe abrächn wolln).

Wanderlied

(Melodie nach A. Methfessel)

Hinaus in dä Färrne, midd Buddorrbrohd unn Schbegg,
das hahbm mier so gerrne, das nimmd unns geenorr weg.
Unn wär das duhd, der grichd eens offm Huhd,
der grichd eens off dä Nase (Giehge), bis dassä bluhd.

ISBN 3-910148-40-9

1. Auflage 1991

Reihengestaltung: Renate Herfurth
Typografie und Gestaltung: Jochen Busch
Gesamtherstellung: Graphischer Betrieb Jütte, Leipzig